AF537455

Marcel Proust

Das Ende der Eifersucht

Herausgegeben von Andreas Nohl

Marcel Proust
Das Ende der Eifersucht

Frühe Erzählungen

Steidl Nocturnes

Auf der Grundlage der Übersetzung von Ernst Weiss, die 1926 im Propyläenverlag in Berlin erschien. Die Übersetzung wurde für diese Ausgabe überarbeitet.

Inhalt

Violante oder die Weltlichkeit

I
Gedankenvolle Kindheit der Violante

> Habt wenig Umgang mit jungen Leuten und mit Personen aus der großen Welt ... sehnt euch nicht danach, vor den Großen dieser Welt zu erscheinen.
>
> *Nachfolge Christi I, 8*

Die Gräfin von Steyer war eine vornehme und zärtliche Seele; ihr ganzes Wesen war durchdrungen von einer bezaubernden Anmut. Der Graf, ihr Herr Gemahl, war geistig außerordentlich lebhaft, und die Züge seines Gesichts musste man in ihrer Regelmäßigkeit bewundern. Aber der erstbeste Grenadier verfügte über mehr Zartgefühl und weniger Banalität. Diese Eltern erzogen nun fern von der Welt auf ihrem bäuerlichen Gut von Steyer ihre Tochter Violante, die, schön und voller Leben wie ihr Vater, warmherzig und geheimnisvoll berückend wie ihre Mutter, alle Eigenschaften ihrer Eltern in der vollendeten Harmonie ihres Wesens zu vereinen schien. Aber die wechselnden Wünsche ihres Herzens und ihrer Gedankenwelt begegneten in ihrer Seele keiner gleich starken Willenskraft, die sie hätte sicher leiten können, ohne sie zu hemmen, und die verhindert hätte, dass sie nur ein charmantes und zerbrechliches Spielzeug eben dieser Regungen des Herzens und des Kopfes war. Dieser Mangel bereitete Violantes Mutter einiges Unbehagen, das mit der Zeit hätte Früchte tragen können, wenn nicht die Gräfin durch einen Jagdunfall zusammen mit ihrem Gatten umgekommen wäre und Violante im Alter von fünfzehn Jahren als Waise zurückgelassen hätte. Nun lebte Violante fast allein, unter der zwar wachsamen, aber doch recht schwerfälligen Aufsicht des alten Augustin, der ihr Hauslehrer und zugleich der Schlossverwalter von Steyer war. Violante, der die Freunde fehlten, schuf sich aus ihren Träumen wundersame Gefährten, denen sie dann ihr ganzes Leben treu zu bleiben versprach. Sie führte sie denn auch spazieren in den Alleen des Parks, ließ sie durch die Landschaft streifen und hieß sie sich mit den Ellbogen auf die Terrassenbrüstung stützen, die als Abschluss des Guts auf das Meer hinausging. Sie wurde von diesen Träumen wie über sich selbst hinausgehoben, von ihnen in den geheimen Kreis eingeweiht, und so fühlte sie das Sichtbare in seiner ganzen Fülle und ahnte ein wenig das, was die irdischen Augen nicht sehen. Ihr Frohsinn kannte keine Grenzen, von Zeit zu Zeit schwebte Traurigkeit über sie hin und milderte die helle Freude in süße Wehmut.

II
Sinnenwelt

> Stützet euch ja nicht auf ein Rohr, das der Wind bewegt, noch auch bauet darauf; denn jegliches Fleisch ist wie die Pflanze, und sein Ruhm vergeht wie das Kraut der Felder.
>
> *Nachfolge Christi*

Außer Augustin und einigen Dorfkindern sah Violante keine Menschenseele. Nur eine jüngere Schwester ihrer Mutter, die in Julianges (das Schloss war einige Stunden weit entfernt) wohnte, erschien manchmal, um Violante zu besuchen. Bei solcher Gelegenheit kam eines Tages einer ihrer Freunde mit. Er nannte sich Honoré und war sechzehn Jahre alt. Er gefiel Violante nicht, kam aber dennoch wieder. Während er mit ihr durch eine Allee des Parks promenierte, brachte er ihr höchst unanständige Dinge bei, über die sie noch sehr im Unklaren gewesen war. Was sie dabei empfand, war sehr gut und angenehm, doch schämte sie sich dessen sofort. Später dann, als die Sonne schon untergegangen war und sie einen weiten Weg hinter sich hatten, nahmen sie auf einer Bank Platz, zweifelsohne nur, um den Widerschein des rosafarbenen Himmels zu betrachten, der dem Meer Sanftmut verlieh. Honoré rückte näher an Violante heran, damit sie ja nicht fror, knöpfte den Pelzumhang am Hals mit raffinierter Langsamkeit zu und schlug ihr vor, mit seiner Hilfe die Theorien, über die er ihr im Park Unterricht erteilt hatte, praktisch zu erproben. Er wollte ganz leise mit ihr sprechen und brachte seine Lippen dem Ohr des Mädchens, das sich nicht zurückzog, immer näher. Violante hörte ein Geräusch im Gebüsch. »Aber es ist nichts«, sagte Honoré zärtlich. »Das ist meine Tante«, sagte Violante; es war der Wind. Aber Violante hatte sich schon erhoben. Sehr im rechten Augenblick durch den Wind ernüchtert, wollte sie sich durchaus nicht wieder setzen und sagte Honoré trotz seiner Bitten Adieu.

Sie hatte Gewissensbisse, eine Nervenkrise, sie konnte zwei Tage lang kaum einschlafen. Ihre Erinnerung war ein glühendes Kopfkissen, das sie unablässig hin und her wendete. Zwei Tage danach wollte Honoré sie sehen; sie ließ antworten, sie sei spazieren gegangen. Honoré glaubte es nicht und wagte nicht wiederzukommen. Im nächsten Sommer dachte sie mit Zärtlichkeit an Honoré zurück, freilich auch mit Betrübnis, denn sie wusste, dass er als Matrose zur See gegangen war. Wenn die Sonne im Meer untergegangen war, saß sie auf der Bank, zu der er sie damals (es war gerade ein Jahr her) hingeführt hatte, und gab sich alle Mühe, die suchenden Lippen Honorés in die Gegenwart zurückzurufen, seine grünen Augen zwischen den halb gesenkten Lidern, seine wie Strahlen umherwandernden Augen, die plötzlich ein heißes, lebensvolles Licht auf sie warfen. Und in den milden Nächten, in den weiten, von aller Welt abgeschlossenen Nächten, wenn die Gewissheit, allein zu sein, ihr Verlangen ins Unermessliche steigerte – da hörte sie Honorés Stimme, die ihr verbotene Dinge ins Ohr flüsterte. Sie beschwor ihn herauf, bis er vor ihr stand, quälend und lockend wie eine Versuchung.

Eines Abends beim Diner sagte sie seufzend zum Verwalter, der ihr gegenübersaß:

»Ich bin sehr traurig, mein Augustin. – Niemand hat mich lieb«, fügte sie hinzu.

»Und doch«, erwiderte Augustin, »sind es keine acht Tage – es war, als ich in Julianges die Bibliothek in Ordnung brachte –, da hörte ich von Ihnen sagen: ›Ach, wie schön sie ist!‹«

»Und wer war es?«, fragte Violante sehr betrübt.

Ein zartes Lächeln kräuselte kaum merklich die Winkel ihrer Lippen, als versuchte man einen Vorhang zu lüften, um das fröhliche Licht des Tages einzulassen.

»Der junge Mann vom letzten Jahr, Herr Honoré.«

»Ich dachte, er sei auf See«, sagte Violante.

»Er ist zurück«, sagte Augustin.

Violante erhob sich rasch und ging mit unsicheren Schritten in ihr Zimmer, um Honoré zu schreiben, er möge sie besuchen kommen. In dem Augenblick, als sie die Feder ergriff, hatte sie ein Gefühl von Glück, von ungeahnter Macht, das Gefühl, dass sie ihr Leben doch ein wenig nach ihrer Laune und ihrem Sinnenglück gestalten konnte, dass sie dem Räderwerk ihrer beider Geschicke, das sie mechanisch fern voneinander festzuhalten schien, allem zum Trotz einen kleinen Stoß geben könnte, dass er nachts auf der Terrasse erscheinen würde, ganz anders als in der schrecklichen Ekstase ihres nie gestillten Begehrens, dass seine unerwiderten Zärtlichkeiten (ihr ewiger innerer Roman) und die Wirklichkeit Wege hatten, die sich trafen und auf denen man sich zum Unmöglichen emporschwingen konnte, dass sie allein durch ihren Glauben das Unmögliche möglich machen würde.

Am nächsten Tag empfing sie eine Antwort, und sie las sie zitternd auf der Bank, wo er den Arm um sie gelegt hatte:

»Mademoiselle, ich empfing Ihren Brief eine Stunde vor der Abfahrt meines Schiffs. Wir hatten nur auf acht Tage Landurlaub, und ich komme erst in vier Jahren zurück. Vergessen Sie, bitte, nicht ganz Ihren Ihnen herzlich und aufrichtig ergebenen Honoré.«

Nun, im Angesicht dieser Terrasse, wohin er nie wieder kommen sollte und wo niemand ihre Sehnsucht erfüllen würde, angesichts dieses Meeres, das ihn ihr entführte und ihr dafür zum Entgelt, in der Phantasie dieses jungen Mädchens, ein wenig von seinem großartigen, geheimnisvollen und schaurigen Zauber gab, den Zauber der Dinge, die uns nicht gehören, die zu viele Himmel widerspiegeln und zu viele Ufer furchtsam streifen, brach Violante in Tränen aus.

»Mein armer Augustin«, sagte sie abends, »mir ist ein großes Unglück widerfahren.«

Das erste Bedürfnis sich anzuvertrauen entstand in ihr nach der ersten Enttäuschung ihrer Sinnlichkeit, genauso selbstverständlich, wie es gewöhnlich aus der ersten Befriedigung der Liebe entsteht. Noch kannte sie die Liebe nicht. Kurze Zeit danach begann sie unter ihr zu leiden, und das ist die einzige Art, wie man sie im tiefsten Grunde kennenlernt.

III
Liebesschmerzen

Violante war verliebt, das will sagen, dass ein junger Engländer, der sich Laurence nannte, während einiger Monate der Gegenstand noch der nebensächlichsten Gedanken war und das Ziel ihrer wichtigsten Aktivitäten. Sie war einmal mit ihm auf die Jagd gegangen und konnte es nicht verstehen, warum die Sehnsucht, ihn wiederzusehen, ihre Gedanken beherrschte, sie auf die Straße trieb, wo sie hoffen konnte, ihm zu begegnen, den Schlaf von ihr fernhielt, ihre Ruhe und damit ihr Glück zerstörte. Violante war verliebt, sie wurde verschmäht. Laurence liebte die große Welt, und sie liebte ihn genug, um ihm dorthin zu folgen, aber Laurence hatte keinen Blick für diese Landschönheit von zwanzig Jahren. Sie wurde krank vor Kummer und Eifersucht und wollte Laurence in den Bädern von S... vergessen, aber sie blieb in ihrer Eigenliebe verletzt, weil man ihr so viele Frauen vorgezogen hatte, die nicht besser waren als sie, und war entschlossen, sie mit ihren eigenen Waffen zu schlagen.

»Ich verlasse dich, mein guter Augustin«, sagte sie, »und gehe an den Hof von Österreich.«

»Das möge Gott verhüten«, sagte Augustin, »die Armen unserer Gegend haben dann niemanden mehr, der sie tröstet, wenn Sie unter so vielen bösen Menschen weilen. Wollen Sie sich nicht mehr mit unseren Kindern in den Wäldern verlustieren? Wer soll die Orgel in der Kirche spielen? Wir sollen Sie also nicht mehr in den Feldern malen sehen? Sie werden keine Lieder mehr erfinden?«

»Sorge dich nicht, Augustin«, sagte Violante, »wache mir treu über mein schönes Schloss und meine braven Leute von Steyer. Die Gesellschaft soll mir nur ein Mittel sein. Sie bietet mir zwar gewöhnliche, aber unbesiegliche Waffen, und wenn ich eines Tages geliebt sein will, muss ich sie besitzen. Mich stachelt eine Neugier an und mehr als das, mich treibt eine Lebensnotwendigkeit dazu, ein äußerlich reicheres und weniger abgeklärtes Leben zu führen als hier. Es soll zugleich Ruhe sein und eine Schule für mich. Sobald ich mir meine Stellung geschaffen habe und meine Ferien zu Ende sind, will ich die große Welt verlassen und aufs Land zurückkehren zu unseren guten, einfachen Leuten und, was mir das Liebste ist, zu meinen Liedern. An einem bestimmten Tag, der nicht sehr fern ist, will ich auf der schiefen Ebene haltmachen und in unser Steyer zurückkehren und neben dir leben, mein Lieber.«

»Werden Sie das können?«, fragte Augustin.

»Man kann, was man will«, sagte Violante.

»Sie werden aber dann vielleicht nicht mehr das Gleiche wollen«, sagte Augustin.

»Warum?«, fragte Violante.

»Weil Sie sich verändern werden«, sagte Augustin.

IV
Das mondäne Leben

Die Menschen in der großen Welt waren so mittelmäßig, dass Violante bloß anwesend sein musste, um sie fast alle in den Schatten zu stellen. Die exklusivsten Aristokraten, die ungebärdigsten Künstler kamen auf sie zu und buhlten um ihre Gunst. Wenn jemand Geist hatte, war sie es, sie hatte den feinsten Geschmack, die herrlichste Haltung und alles, was die unerhörte Vollendung ihrer Erscheinung zum Ausdruck brachte. Sie brachte Komödien in Mode, nicht anders als Parfums und Toiletten. Die Schneiderinnen, die Literaten, die Friseure lagen vor ihr auf den Knien und bettelten um ihre Protektion. Die berühmteste Modistin Österreichs erbat sich den Titel ihrer Lieferantin, der allerberühmteste Prinz Europas bat um den Titel eines Geliebten. Sie hielt es für ihre Pflicht, beiden ihre Bitte abzuschlagen, die ihrer Eleganz das Prädikat der Auserwähltheit verliehen hätte. Unter den vielen jungen Leuten, die Zutritt zu Violantes Salon erheischten, zeichnete sich Laurence durch besondere Beharrlichkeit aus. Nachdem er ihr viel Kummer bereitet hatte, erfüllte er sie jetzt mit einem gewissen Widerwillen. Seine Selbsterniedrigung stieß sie mehr ab als früher seine Geringschätzung. »Ich habe ja kein Recht, entrüstet zu sein«, sagte sie sich. »Ich habe ihn nicht seiner großen Seele wegen geliebt, sondern habe stets, ohne es mir einzugestehen, seine Gemeinheit gespürt. Das hinderte mich keineswegs, ihn zu lieben, aber das Ideal einer hohen Seele stand mir dennoch vor Augen. Ich habe mir eingebildet, man könnte gemein sein und dabei doch liebenswert. Hat man aber einmal aufgehört zu lieben, dann gewinnen natürlich wieder großherzige Naturen die Oberhand. Wie sonderbar war die Leidenschaft für diesen minderwertigen Menschen, die ganz vom Gehirn bestimmt wurde und durch keine Verirrung der Sinne entschuldigt werden konnte! Platonische Liebe wiegt nicht schwer.« Wir werden sehen, dass Violante wenig später zu der Überzeugung kam, die sinnliche Liebe wiege noch leichter.

Augustin kam zu Besuch und wollte sie mit zurück nach Steyer nehmen.

»Sie haben ein wahres Königreich erobert«, sagte er zu ihr. »Ist das nicht genug? Warum werden Sie nicht noch einmal die Violante von einst?«

»Ich erobere es ja gerade erst, Augustin, in diesem Augenblick«, erwiderte Violante. »Lass mich wenigstens noch ein paar Monate auf meinem Thron.«

Ein Ereignis, das Augustin nicht hatte voraussehen können, entband Violante für einige Zeit der Verpflichtung, an die Heimreise zu denken. Nachdem sie zwanzig allerhöchste Hoheiten, ebenso viele souveräne Fürsten und einen Mann von Genie, die alle um ihre Hand anhielten, zurückgewiesen hatte, heiratete sie den Herzog von Böhmen, einen Mann von außerordentlicher Anmut und Besitzer von fünf Millionen Dukaten. Die Nachricht, Honoré sei zurückgekommen, hätte die Verbindung am Vorabend der Hochzeit beinahe zum Scheitern gebracht. Aber ein Übel, das Honoré befallen hatte, verunstaltete ihn, und seine Vertraulichkeiten ließen Violante nun schaudern. Sie weinte bittere Tränen über die Vergänglichkeit ihrer Wünsche und Begierden, die einst so feurig hingezogen worden waren zu der Jugendblüte eines Körpers, die nun auf immer dahingewelkt war. Die Herzogin von Böhmen fuhr fort zu bezaubern, wie es die Violante von Steyer getan. Das unermessliche Besitztum des Herzogs war gerade gut genug, einen würdigen Rahmen um das einzigartige Kunstwerk zu bilden, das ihre Person darstellte. Aus einem Kunstwerk verwandelte sie sich in einen Luxusartikel, kraft jener nur zu natürlichen Neigung aller Dinge auf Erden, zum Geringeren herabzusinken, sobald der edle Aufschwung nicht ausreicht, ihren Schwerpunkt über sich selbst zu erheben. Augustin konnte es nicht fassen, was er über sie hörte. Er schrieb ihr:

»Weshalb spricht die Herzogin ohne Unterlass von Dingen, die Violante verhasst waren?«

»Warum? Weil ich nicht gefallen konnte mit meinen Neigungen, die durch ihr bloßes Niveau all denen, die in der Gesellschaft leben, unverständlich und zuwider sind«, entgegnete Violante. »Aber ich langweile mich, guter Augustin!«

Er kam, um sie zu besuchen, und erklärte ihr, warum sie sich langweile.

»Ihr Gefallen an der Musik, an der Betrachtung, der Wohltätigkeit und Einsamkeit, am Leben auf dem Lande, all das ist nicht mehr vorhanden. Ihr einziges Lebensziel ist der Erfolg, Ihr einziger Halt das Vergnügen. Aber man findet das Glück nur, wenn man tut, was man aus dem tiefsten Herzen liebt, und nirgendwo sonst.«

»Wie kannst du das wissen, der du doch nie gelebt hast?«, fragte Violante.

»Ich habe nachgedacht, und darin besteht das Leben«, sagte Augustin, »aber ich hoffe, dass auch Sie bald dieses inhaltsleere Leben satthaben werden.«

Violante langweilte sich mehr und mehr, Heiterkeit wurde ihr fremd. Die Verderbtheit der Gesellschaft, die ihr bis jetzt gleichgültig gewesen war, warf ihren Schatten auf sie und verletzte sie grausam, so wie die Härte der Jahreszeiten einen Körper niederstrecken kann, dem eine Krankheit die Kraft zum Widerstand geraubt hat. Eines Tages ging sie allein in einer verlassenen Allee spazieren, da stieg aus einem Wagen, den sie nicht beachtet hatte, eine Frau und kam gerade auf sie zu. Sie sprach sie an, fragte sie, ob sie Violante von Böhmen sei, und erzählte, sie sei die Freundin ihrer Mutter gewesen und habe sich danach gesehnt, die kleine Violante wiederzusehen, die sie einst auf ihren Knien gehalten habe. Sie umarmte Violante sehr aufgeregt, nahm sie um die Taille und begann sie so stürmisch zu küssen, dass Violante, ohne Adieu zu sagen, sich so eilig wie möglich rettete. Am nächsten Abend begab sich Violante zu einem Fest, das zu Ehren der Fürstin von Misène gegeben wurde. Dort erkannte sie in der Fürstin die aufdringliche Dame vom Tag vorher. Eine vornehme alte Dame, die bis dahin hoch in Violantes Achtung gestanden hatte, fragte sie:

»Wollen Sie, dass ich Sie der Fürstin von Misène vorstelle?«

»Nein«, sagte Violante.

»Seien Sie nicht schüchtern«, sagte die alte Witwe. »Ich bin sicher, dass Sie ihr gefallen werden. Sie liebt hübsche junge Frauen ganz außerordentlich.«

Als Violante schied, hatte sie zwei tödliche Feindinnen mehr, die Fürstin von Misène und die alte Witwe, die sie überall als ein überhebliches und unmoralisches Ungeheuer hinstellten. Violante begriff den Zusammenhang, weinte über sich und über die Bosheit der Frauen. Was die Männer betrifft, war sie über sie schon lange im Klaren. Von nun an konnte man sie jeden Abend zu ihrem Mann sagen hören:

»Wir wollen übermorgen nach meinem alten Steyer abreisen und es nicht mehr verlassen.«

Dann gab es ein Fest, das sie vielleicht mehr als die früheren erfreute; sie trug ein Kleid, in dem sie schöner aussah als je zuvor. Ihr tiefes Bedürfnis, in der Phantasie und Kreativität zu leben, sich ganz und gar dem Denken hinzugeben, wurde zwar zu ihrem Leidwesen nicht befriedigt und hinderte sie daran, in der Gesellschaft auch nur einen Schatten von Freude zu empfinden; doch es war abgestumpft und erfüllte sie nicht mehr genug, um ihr Leben zu ändern, der Welt zu entsagen und ihrer eigentlichen Bestimmung gerecht zu werden. So bot sie auch weiterhin das Schauspiel einer luxuriösen und doch verzweifelten Existenz, die, für das Unendliche geschaffen, sich nach und nach im Nichtigen verliert, bis nur noch der Schatten einer tiefen Melancholie von ihrer edlen Bestimmung zeugte, die ihr täglich weiter entglitt. Eine große Regung reiner Nächstenliebe hätte ihr Herz wie eine Flut geläutert, hätte die menschlichen Ecken und Kanten abgeschliffen, die ein weltlich gesinntes Herz verhärten, doch diese Flut wurde durch die tausend Dämme des Egoismus, der Eitelkeit, des Ehrgeizes ferngehalten. Die Güte gefiel ihr nur als Mode, als Eleganz. Sie wehrte sich nicht gegen gute Taten in Form von Geld, sie ließ sich ihre Nächstenliebe sogar Zeit und Mühe kosten, aber ein Teil ihres Selbst war abgeschieden, gehörte ihr nicht mehr an. Noch las oder träumte sie morgens in ihrem Bett, aber schon war ihr geistiges Leben verfälscht, denn es haftete nur an der Außenseite der Dinge, und wenn sie sich selbst ansah, geschah es nicht, um sich zu erforschen, sondern um sich sinnlich und kokett zu bewundern wie vor einem Spiegel. Und hatte man ihr einen Besuch angekündigt, so fand sie nicht die Willensstärke, um ihn ihrer Träumerei oder ihrem

Buch zuliebe abzuweisen. Sie war so weit gekommen, dass sie die Natur nur noch mit verderbten Sinnen genießen konnte, der Zauber der Jahreszeiten war nur noch dazu da, um ihren eleganten Auftritten Farbe und Duft zu verleihen. Der Zauber des Winters lag in der Lust wollüstigen Fröstelns, die Fröhlichkeit der Jagd verdeckte ihren Augen alle Schwermut des Herbstes. Manchmal ging sie allein in den Wald, um die echte Quelle wahrer Freuden wiederzufinden. Aber es waren nur leuchtende Kleider, die sie unter dem schattigen Blätterdach spazieren führte. Die Freude an der Eleganz vergiftete die Freude an der Einsamkeit und an den Träumen.

»Wollen wir morgen abreisen?«, fragte der Herzog.

»Übermorgen«, sagte Violante.

Dann hörte der Herzog auf zu fragen. Augustin beklagte sich, Violante schrieb ihm: »Lass mich erst ein wenig älter werden, dann komme ich zurück.« »Ach«, antwortete Augustin, »Sie schenken freiwillig Ihre Jugend her. Sie werden nie in Ihr Steyer zurückkehren.«

Sie kehrte nie zurück. Solange sie jung war, blieb sie in der großen Welt, um über das Königreich der Eleganz zu regieren, das sie, fast ein Kind noch, erobert hatte. Als sie alterte, blieb sie, um ihre Herrschaft zu verteidigen. Vergebens. Sie verlor sie. Und noch auf dem Sterbebett hatte sie es nicht aufgegeben, sie wiederzugewinnen. Augustin hatte mit ihrem Ekel gerechnet, aber nicht mit einer Macht, die, wird sie anfangs von der Eitelkeit genährt, alles besiegt, den Ekel, die Verachtung, selbst die Langeweile: Es ist die Gewohnheit.

August 1892

Traum

> Deine Tränen strömten über mich, meine Lippen haben dein Weinen getrunken.
> *Anatole France*

Ohne Mühe kann ich mich meiner Meinung über Dorothy B. entsinnen, wie sie am Sonnabend war (vor vier Tagen also). Zufällig hatte man gerade an diesem Tag von ihr gesprochen, und meine aufrichtige Ansicht war die, dass ich sie ohne höheren Charme und Geist fände. Ich glaube, sie ist zweiundzwanzig oder dreiundzwanzig Jahre alt. Übrigens kenne ich sie kaum; wenn ich an sie dachte, kam mir keine lebhafte Erinnerung in den Sinn, ich sah einfach nur die Buchstaben ihres Namens vor mir und weiter nichts.

Ich legte mich nun an diesem Sonnabend zeitig zu Bett. Gegen zwei Uhr morgens wurde aber der Wind so stark, dass ich aufstehen musste, um einen schlecht befestigten Fensterladen zu schließen, der mich aufgeweckt hatte. Ich blickte auf den kurzen Schlummer zurück, der hinter mir lag, und freute mich darüber, dass er sehr erholsam, ohne Bedrückung, ohne Träume gewesen war. Kaum war ich zurück im Bett, schlief ich auch schon wieder ein. Aber im Verlauf einer schwer abschätzbaren Frist erwachte ich nach und nach, oder vielmehr erwachte ich in der Welt der Träume, die zunächst verwirrend war wie die wirkliche Welt beim üblichen Erwachen, aber bald wurde alles klarer. Ich lag am Strand von Trouville, und gleichzeitig war es eine Hängematte in einem unbekannten Garten, wo eine Frau mich mit sanftem, festem Blick betrachtete. Es war Madame Dorothy B. Ich war ebenso wenig davon überrascht, wie ich es am Morgen beim Anblick meines Zimmers bin. Aber ich war auch nicht überrascht von dem überirdischen Zauber, den meine Gefährtin auf mich ausstrahlte, und ebenso wenig von der starken Empfindung zugleich körperlicher und seelischer Anbetung, die ich ihrer Gegenwart verdankte. Wir sahen einander wie ein Herz und eine Seele an, es war ein großes Wunder an Glück und Herrlichkeit, dessen wir uns bewusst waren, das vor allem auch an ihr lag und für das ich ihr unendlich dankbar war. Dann aber sagte sie:

»Es ist doch verrückt von dir, mir zu danken; hättest du nicht auch dasselbe für mich getan?«

Und dieses Gefühl (eher eine unerschütterliche Gewissheit), auch ich hätte das Gleiche für sie getan, steigerte als das offenkundige Symbol einer unsagbar engen Verbindung meine Freude bis zum Wahnsinn. Sie machte mit dem Finger ein geheimnisvolles Zeichen und lächelte. Und als wäre ich zur gleichen Zeit in mir und in ihr, war mir bewusst, dass es heißen sollte: »All deine Feinde, dein Unglück, dein Versagen und Verzichten, all deine Schwächen – ist das nun vorbei?« Und ohne dass ein Wort über meine Lippen gekommen wäre, verstand sie meine Entgegnung, sie habe mühelos gesiegt, alles vernichtet und mit ihrer Wollust mein Leid geheilt. Sie näherte sich mir, liebkoste mit ihren Händen meinen Hals, spielte mit den Enden meines Schnurrbarts, dann sagte sie: »Nun wollen wir zu den anderen, wir wollen ins Leben zurück.« Eine übermenschliche Freude erfüllte mich, ich fühlte die Kraft in mir, dieses Irrlichterglück in die Wirklichkeit zu tragen. Sie wollte mir eine Blume schenken, zwischen ihren Brüsten zog sie eine Rose hervor, noch geschlossen, gelb, betaut, und befestigte sie an meinem Knopfloch. In diesem Augenblick wurde mein Glücksgefühl durch eine neue Lust vermehrt. Es war die Rose, die, an mein Knopfloch geheftet, mit ihrem Liebesduft meine Nase umwehte. Ich sah, wie meine Freude Dorothy mit einer mir unbegreiflichen Erregung und Unruhe erfüllte. Genau in dem Augenblick, da ihre Augen (dessen war ich sicher, weil ich mir auf mysteriöse Weise ihrer Persönlichkeit vollkommen bewusst war) die leichte Anspannung erfuhren, die um eine Sekunde den ersten Tränen vorausgeht, da waren es meine Augen, die sich mit Tränen, ihren Tränen füllten, wenn ich so sagen darf. Sie näherte sich mir, legte ihren Kopf zurück und lehnte ihn an meine Wange, so dass ich die geheimnisvolle Grazie, die reizvollste Lebhaftigkeit an ihr bewundern konnte, und aus ihrem jungen, lächelnden Mund stieß ihre Zunge hervor und pflückte meine Tränen vom Rand meiner Augen auf. Dann schluckte sie sie mit einem kleinen Laut ihrer Lippen, was ich als eine unbekannte Art von Kuss empfand, vertrauter und aufreizender, als hätte sie mich berührt.

Ich erwachte mit einem Schlag, erkannte mein Zimmer wieder, und ebenso wie in einem über uns stehenden Gewitter der Donner unmittelbar dem Blitz folgt, vereinte sich ein schwindelndes Gefühl von Seligkeit mit dem gleichzeitigen (nicht etwa vorangegangenen) niederschmetternden Bewusstsein, dass alles nur Lüge war und gänzlich unmöglich. Aber trotz aller Vernunftgründe war nun Dorothy B. nicht mehr die Frau, die sie am letzten Abend noch für mich gewesen war. Die flüchtigen Beziehungen zwischen mir und ihr hatten eine schon verblassende Spur in meiner Erinnerung hinterlassen, wie eine gewaltige Flut beim Zurückweichen unbestimmte Furchen hinterlässt. Ich sehnte mich, obgleich im Voraus entzaubert, danach, sie wiederzusehen, ich hatte den instinktiven Wunsch und zugleich den klugen Widerstand dagegen, ihr zu schreiben. Wurde ihr Name im Gespräch genannt, erzitterte ich, obwohl er nur das nichtssagende Bild beschwor, das ich von jener Nacht mit ihrem Namen verband, und auch wenn sie mir so gleichgültig war wie jede andere gewöhnliche Frau der Gesellschaft, zog sie mich doch mächtiger an als die ersehnteste Geliebte, das berauschendste Geschick und Abenteuer. Ich hätte keinen Schritt getan, um sie zu sehen, und für das andere »SIE« hätte ich mein Leben gegeben. Jede Stunde radiert etwas von dieser Traumerinnerung fort, die in dieser Erzählung schon stark verändert ist. Immer unklarer sehe ich sie vor mir, als wollte ich ein Buch am Tisch lesen, wenn das Tageslicht nicht mehr ausreicht, wenn es dämmert und die Nacht kommt. Um noch etwas entziffern zu können, bin ich gezwungen, meine Gedanken an den Traum für ein paar Augenblicke zu unterbrechen, so wie man die Augen schließt, um noch in dem Buch, das sich tiefer mit Schatten füllt, ein paar Buchstaben wahrnehmen zu können. So verblasst er aber ist, so hinterlässt er doch noch Unruhe genug in mir, eine Schaumspur oder die Wonne seines Dufts. Aber auch dieses Unruhigsein wird schwinden, und ich werde Madame B. ohne Herzklopfen sehen können. Ihr von diesen Erlebnissen zu erzählen, an denen sie im Grunde nicht beteiligt ist, hätte keinen Sinn.

Ach, die Liebe ist über mich hinweggegangen wie dieser Traum, mit derselben geheimnisvollen Verwandlungskraft. Ihr aber, die Ihr meine so sehr Geliebte kennt, Ihr, die Ihr nicht hinter die Mauern meiner Träume dringen könnt, Ihr könnt mich nicht verstehen. Versucht nicht, mich zu trösten.

Trauriger Landaufenthalt der Madame de Breyves

Ariadne, meine Schwester, welches Gestade
Empfing dich, die Verwundete der Liebe?
Racine, Phädra

I

Françoise de Breyves schwankte an diesem Abend lange, ob sie zur Soirée der Prinzessin Élisabeth d'A... oder in die Oper oder in die Komödie von Livray gehen sollte.

Sie weilte bei Freunden zum Diner, man war schon seit einer Stunde vom Tisch aufgestanden, und sie musste einen Entschluss fassen.

Ihre Freundin Geneviève, die mit ihr heimkehren sollte, bestand auf der Soirée bei Madame d'A..., während Madame de Breyves, ohne genau zu wissen warum, einen der beiden anderen Vorschläge vorgezogen hätte oder selbst einen dritten, nämlich den, nach Hause zurückzukehren und schlafen zu gehen. Als man ihren Wagen meldete, hatte sie noch keinen Entschluss gefasst.

»Wirklich«, sagte Geneviève, »du bist gar nicht nett; ich glaube, dass Reszke singen wird, und das würde mir Spaß machen. Man könnte meinen, es sei ein folgenschwerer Entschluss für dich, zu Élisabeth zu gehen. Übrigens will ich dir sagen, dass du in diesem Jahr noch bei keiner von ihren großen Gesellschaften warst, und das ist angesichts eurer vertrauten Beziehung gar nicht nett von dir.«

Françoise war nach dem Tod ihres Mannes mit zwanzig Jahren Witwe geworden – es war vier Jahre her –, und nun war sie unzertrennlich von ihrer Geneviève und liebte es sehr, ihr eine Freude zu bereiten. Nun widerstand sie nicht länger ihrer Bitte, nahm von den Gastgebern, von den anderen Gästen Abschied, die untröstlich waren, die Gesellschaft einer der begehrtesten Frauen von Paris so wenig genossen zu haben, und sagte zu ihrem Diener: »Zur Princesse d'A...«

II

Die Soirée bei der Prinzessin war sehr langweilig. Dann richtete Madame de Breyves an Geneviève die Frage:

»Wer ist denn der junge Mann, der dich zum Büfett geführt hat?«

»Es ist M. de Laléande, den ich übrigens gar nicht näher kenne. Willst du, dass ich ihn dir vorstelle? Er hat mich darum gebeten, ich habe nur so obenhin geantwortet, denn er ist äußerst unbedeutend und langweilig, und da er dich sehr hübsch findet, würde er sich wie eine Klette an dich heften.«

»Ach nein, dann lieber nicht!«, sagte Françoise. »Übrigens sieht er nicht sonderlich gut aus, eher gewöhnlich, trotz seiner wirklich schönen Augen.«

»Du hast recht«, sagte Geneviève. »Und dann wirst du ihm oft begegnen, und es könnte dich genieren, mit ihm bekannt zu sein.«

Sie fügte scherzend hinzu:

»Wenn du allerdings Lust auf ihn hast, verpasst du hier eine günstige Gelegenheit.«

»Ja, eine günstige Gelegenheit«, sagte Françoise und dachte bereits an etwas anderes.

»Außerdem«, sagte Geneviève, die es zweifellos schon bereute, eine so ungetreue Botin gewesen zu sein und ohne Notwendigkeit den jungen Mann eines Vergnügens beraubt zu haben, »ist es eine der letzten Soirées der Saison und hätte daher keine große Bedeutung, es wäre sogar weniger kompromittierend.«

»Na gut, wenn er zu uns herkommt.«

Er kam nicht. Er stand am anderen Ende des Salons ihnen gegenüber.

»Wir müssen gehen«, sagte Geneviève bald.

»Noch einen Augenblick«, sagte Françoise.

Und aus Laune, vor allem aus Koketterie gegen diesen jungen Mann, der sie wirklich sehr hübsch finden musste, begann sie, ihren Blick ein wenig länger auf ihn zu heften, dann blickte sie fort und sah ihn von Neuem an. In diesen Blick legte sie mit Absicht, sie wusste nicht warum, viel Zärtlichkeit, grundlos oder rein zum Vergnügen, dem Vergnügen, etwas aus Nächstenliebe oder ein wenig aus Stolz zu tun und auch deshalb, weil es keinem Zweck diente, so wie Leute ihren Namen in einen Baum ritzen (für einen Spaziergänger, den sie nie sehen werden) oder eine Flasche ins Meer werfen. Die Zeit verging, es war bereits spät. M. de Laléande wandte seine Schritte zur Tür, die offen blieb, nachdem er gegangen war, und Madame de Breyves sah, wie er im Vorraum seinen Garderobenschein vorwies.

»Du hast recht, es ist Zeit, zu gehen«, sagte sie zu Geneviève.

Sie erhoben sich. Aber durch einen Zufall hatte ein Freund irgend etwas ihrer Geneviève zu sagen, nun sah sich Françoise allein in der Garderobe. Anwesend war nur M. de Laléande, der seinen Stock nicht finden konnte. Françoise belustigte es noch ein letztes Mal, ihn anzusehen. Er kam an ihr vorbei, streifte zart ihren Ellenbogen mit dem seinen und flüsterte, als er ihr ganz nahe war, während er tat, als ob er weitersuchte, und seine Augen glänzten:

»Kommen Sie zu mir, Rue Royale 5.«

Sie war so wenig darauf vorbereitet, und andererseits schien M. de Laléande jetzt so beschäftigt, nach seinem Stock zu suchen, dass sie in der Folgezeit nie genau wusste, ob es nicht vielleicht eine Halluzination gewesen war. Vor allem empfand sie eine außerordentliche Angst. In diesem Augenblick kam der Prince d'A... vorbei, sie rief ihn zu sich, wollte sich für den nächsten Tag zu einem Spaziergang mit ihm verabreden und schwätzte ohne Unterlass. Während dieser Konversation hatte sich M. de Laléande entfernt. Geneviève erschien unmittelbar darauf, und die beiden Freundinnen brachen auf. Madame de Breyves erwähnte nichts davon, sie war ein wenig schockiert und geschmeichelt, aber im Grunde nicht erschüttert. In den nächsten zwei Tagen dachte sie hin und wieder daran zurück, schließlich zweifelte sie an der Wirklichkeit der Worte des M. de Laléande. Sie versuchte sich alles ins Gedächtnis zurückzurufen, konnte es eigentlich nicht, glaubte, sie hätte die Worte nur wie im Traum gehört, und die Berührung ihres Ellenbogens sei nur zufälliges Ungeschick gewesen. Dann dachte sie nicht mehr unwillkürlich an M. de Laléande, und wenn sie zufällig seinen Namen nennen hörte, musste sie sich eilig seine Züge ins Gedächtnis rufen; die fragliche Halluzination in der Garderobe hatte sie ganz und gar vergessen.

Sie sah ihn auf der letzten Soirée des Jahres wieder (es war Ende Juni), sie wagte nicht, darum zu bitten, man möge ihn ihr vorstellen, und doch, obwohl sie ihn fast hässlich fand und wusste, dass er alles andere als intelligent war, hätte sie ihn ganz gern kennengelernt. Sie ging zu Geneviève und sagte ihr:

»Du kannst mir trotz allem M. de Laléande vorstellen. Ich möchte nicht unhöflich erscheinen. Aber sage nicht, dass ich darum gebeten habe. Das würde mich zu sehr verpflichten.«

»Sofort, wenn wir ihn zu Gesicht bekommen, er ist augenblicklich nicht hier.«

»Nun gut, suche ihn.«

»Er ist vielleicht schon fort.«

»Aber nein«, sagte Françoise sehr schnell, »er kann doch noch nicht fort sein, es ist noch früh. Ach, schon Mitternacht! Sieh mal, meine kleine Geneviève, das ist ja doch nicht schwierig. An dem Abend damals, da wolltest du. Heute bitte ich dich, es ist wichtig für mich.«

Geneviève betrachtete sie leicht erstaunt und ging auf die Suche nach M. de Laléande. Er war fort.

»Du siehst, ich hatte recht«, sagte Geneviève, als sie zu Françoise zurückkam.

»Ich langweile mich hier zu Tode«, sagte Françoise, »ich habe Kopfschmerzen, ich bitte dich, lass uns sofort gehen.«

III

Françoise versäumte kein einziges Mal mehr die Oper, sie nahm mit einer geheimen Hoffnung alle Einladungen zu Diners an. Vierzehn Tage vergingen so, sie hatte M. de Laléande nicht wiedergesehen, oft erwachte sie nachts und dachte an die Möglichkeiten, ihn wieder zu treffen. Sie mochte sich wieder und wieder sagen, er sei langweilig und nicht der Schönste, sie blieb doch mehr von ihm eingenommen als von allen anderen Männern, waren sie auch noch so geistvoll und charmant. Die Saison näherte sich ihrem Ende, es würde sich keine Gelegenheit mehr ergeben, ihn wiederzusehen, und so war sie entschlossen, eine solche Gelegenheit zu schaffen, und suchte nur nach einem Weg.

Eines Abends sagte sie zu Geneviève: »Hast du mir nicht erzählt, dass du einen M. de Laléande kennst?«

»Jacques de Laléande? Ja und nein, er ist mir vorgestellt worden, hat aber nie seine Karte bei mir abgegeben, und ich stehe durchaus in keiner Verbindung mit ihm.«

»Nun will ich dir sagen, ich habe ein kleines Interesse, sogar ein nicht ganz kleines, und zwar aus Gründen, die nicht mich persönlich betreffen, und man wird es mir sicher nicht erlauben, dich vor Monatsfrist in diese Einzelheiten einzuweihen« (in diesem Zeitraum wollte sie mit ihm über eine Ausrede einig werden, um sich nicht zu verraten, und der Gedanke, mit ihm durch ein Geheimnis verbunden zu sein, bezauberte sie), »ein Interesse, seine Bekanntschaft zu machen und mich mit ihm zu treffen. Ich bitte dich, versuche, mir einen Weg zu bahnen, denn die Saison ist zu Ende, und ich sehe sonst keine Möglichkeit, ihn mir vorstellen zu lassen.«

Es gibt strenge Bräuche der Freundschaft, die sehr läuternd wirken, wenn sie aufrichtig eingehalten werden, und die in diesem Fall Geneviève ebenso wie Françoise vor der niedrigen Neugier schützten, die der Mehrzahl der Menschen in der besseren Gesellschaft ein infames Vergnügen bereitet. So machte sich Geneviève, die weder den Wunsch noch die Absicht verspürte, ihre Freundin auszufragen, mit all ihrem Elan auf die Suche, und es verdross sie nur, ihn nicht zu finden.

»Es ist so schade, dass Madame d'A... verreist ist. Wir hätten da noch M. de Grumello, aber nach alledem, was soll uns das nützen, was soll man ihm sagen? Ach, ich habe eine Idee! M. de Laléande spielt Cello, schlecht genug, aber er spielt es. M. de Grumello bewundert ihn, und dann ist er solch ein Dummkopf und wird froh sein, dir eine Freude zu bereiten. Nur wirst du, die du ihm bis jetzt immer die kalte Schulter gezeigt hast und zugleich nicht gerne Leute enttäuschst, die dir einen Dienst erwiesen haben, dich kaum dazu hergeben wollen, ihn im nächsten Jahr einzuladen.«

Aber schon rief Françoise, rot vor Freude, aus:

»Aber das ist mir doch ganz gleich! Wenn es sein muss, lade ich alle zwielichtigen Existenzen von Paris ein. Ach, mach schnell, meine süße Geneviève! Du bist wirklich wunderbar!«

Und Geneviève schrieb:

Monsieur,

Sie wissen, wie gern ich jede Gelegenheit ergreife, meiner Freundin, Françoise de Breyves, die Sie sicher bereits aus der Gesellschaft kennen, ein Vergnügen zu bereiten. Sie hat mir des Öfteren, wenn wir von Violoncello sprachen, ihr Bedauern ausgedrückt, nie M. de Laléande gehört zu haben, der als Ihr guter Freund gilt. Möchten Sie ihn vielleicht dafür gewinnen, dass er einmal für sie und für mich spielt? Jetzt, da man nicht mehr so beansprucht ist, bereitet es Ihnen vielleicht nicht allzu viel Unannehmlichkeiten, und es wäre wirklich reizend von Ihnen. Mit meinen besten Empfehlungen

Alériouvre Buivres

»Bringen Sie diesen Brief umgehend zu M. de Grumello«, sagte Françoise zu einem Diener, »warten Sie nicht auf Antwort, aber sehen Sie zu, dass er vor Ihren Augen übergeben wird.«

Am nächsten Tag ließ Geneviève Madame de Breyves folgende Antwort von M. de Grumello bringen:

Madame,

es hätte mir mehr Vergnügen bereitet, als Sie sich denken können, Ihnen und Madame de Breyves, die ich ein wenig kenne und für die ich die lebhafteste und ergebenste Sympathie empfinde, einen Wunsch zu erfüllen. Nun bin ich untröstlich, dass ein unglücklicher Zufall M. de Laléande gerade vor zwei Tagen nach Biarritz verreisen ließ, wo er, leider, auch mehrere Monate verbringen wird.

Nehmen Sie, Madame, etc.

Grumello

Françoise stürzte vollkommen bleich zur Tür, um sie zu versperren, und es war höchste Zeit. Schon brach sich hemmungsloses Schluchzen wie eine Woge an ihren Lippen, und die

Tränen flossen. Bis dahin war sie damit beschäftigt gewesen, sich Romane des Wiedersehens und Kennenlernens zu erfinden, hatte fest darauf gebaut, dass diese sich verwirklichten, sobald sie nur wollte, hatte ihr ganzes Leben aus dieser Begierde und aus dieser Hoffnung gesogen, vielleicht ohne sich Rechenschaft darüber zu geben. Aber durch tausend unbeschreiblich feine Würzelchen, die sich noch durch ihre unbewussten Augenblicke von Glück oder Melancholie zogen, war neuer Saft in ihre Adern gedrungen, ohne dass sie wusste woher, war die Begierde tief in sie eingedrungen. Jetzt wurde sie aus ihr herausgerissen und wieder in den Abgrund des Unmöglichen zurückgeschleudert. Sie fühlte sich zerrissen, am Boden zerstört, ihr ganzes Selbst war mit einem Mal entwurzelt, und ihre Hoffnung erschien im hellen Licht nur mehr als eitler Trug. Doch an der Tiefe ihres Kummers erkannte sie die Wirklichkeit ihrer Liebe.

IV

Françoise zog sich mit jedem Tag mehr und mehr von allen Vergnügungen des Lebens zurück. Sie konnte auch den größten Freuden, die sie sonst in inniger Vertrautheit mit ihrer Mutter oder mit Geneviève genossen hatte, ihren musikalischen Stunden, ihren Spaziergängen, ihrer Lektüre nichts mehr abgewinnen, da ihr Herz nur noch von eifersüchtigem Kummer durchdrungen war, der sie keinen Augenblick verließ. Sie litt unendlich, nicht nach Biarritz reisen zu können, zugleich war sie felsenfest entschlossen, es ohnehin nicht zu tun, um sich nicht durch einen unsinnigen Schritt des ganzen Prestiges zu berauben, das sie in den Augen von M. de Laléande haben mochte. Sie war ein armes kleines Opfer, das gequält wurde, ohne zu wissen warum, und sie erschauderte bei dem

Gedanken, dieses Übel könnte vielleicht noch Monate dauern, bevor das Heilmittel kam – und bis dahin keine Stunde ruhigen Schlafs und freier, aufgelöster Träumerei. Es beunruhigte sie, nicht zu wissen, ob er nicht doch früher nach Paris zurückkehrte, ohne dass sie es erfuhr. Die Furcht, ein zweites Mal das Glück aus so großer Nähe zu verpassen, machte sie tollkühn; sie sandte einen Diener zum Concierge von M. de Laléande, um sich zu erkundigen. Er wusste nichts. Nun begriff sie, es sollte noch lange kein Segel der Hoffnung am glatten Horizont dieses kummervollen Meeres erscheinen, das Meer sollte sich im Unbegrenzten verlieren, und hinter diesem grenzenlosen Horizont schien es für sie keine Welt mehr zu geben; aber sie fühlte dann nur noch heißer die Lust in sich zu tollen Unternehmungen. Sie wusste selbst nicht, zu welchen, vielleicht, ihm zu schreiben? Sie wurde ihr eigener Arzt und ließ ihn, um sich selbst zu beruhigen, wissen, dass sie ihn hatte sehen wollen. Sie schrieb Folgendes an M. de Grumello:

Monsieur,

Madame de Buivres macht mir Mitteilung von Ihren liebenswürdigen Bemühungen. Ich danke Ihnen und bin gerührt! Nur ein Umstand macht mich besorgt: ob mich M. de Laléande nicht als indiskret empfunden hat? Wenn Sie es nicht wissen, fragen Sie ihn danach und antworten Sie mir, sobald Sie es wissen, ganz aufrichtig. Ich bin sehr gespannt darauf, und Sie machen mir eine Freude. Nochmals Dank, Monsieur. – Mit der Versicherung meiner größten Wertschätzung

Voragynes Breyves

Eine Stunde später brachte ihr ein Diener folgenden Brief:

Beunruhigen Sie sich nicht, Madame, M. de Laléande hat nicht gewusst, dass Sie ihn spielen hören wollten. Ich habe ihn dieser Tage gefragt, ob er zu mir kommen könnte, um zu spielen, habe ihm aber nicht gesagt, auf wen diese Bitte zurückging. Er hat mir aus Biarritz geantwortet, er käme nicht vor Januar wieder. Danken Sie mir bitte nicht. Ich kenne keine größere Freude als die, Ihnen eine zu bereiten, etc.

Grumello

Es war nichts mehr zu machen. Sie tat auch nichts weiter, wurde nur immer trauriger und litt dann unter Gewissensbissen, weil sie so traurig war und ihre Mutter so traurig machte. Sie wollte einige Tage auf dem Land bleiben und reiste dann nach Trouville. Hier hörte sie viel von den gesellschaftlichen Ambitionen des M. de Laléande reden, und als ein Fürst sie werbend fragte: »Wie kann ich Sie erfreuen?«, wurde sie beinahe vergnügt bei der Vorstellung, wie sehr er sich über eine aufrichtige Antwort wundern würde, und sie kostete zur Gänze die berauschend bittere Ironie aus, die in dem Gegensatz lag zwischen dem großen Aufwand, den man immer getrieben hatte, um ihr zu gefallen, und der kleinen unaufwendigen und doch so unmöglichen Sache, die ihr Ruhe, Gesundheit und Glück und auch das Glück der Ihren zurückgegeben hätte. Wenn sie sich einmal ein wenig wohlfühlte, so war es nur im Kreis ihrer Dienstboten, die ihr eine unbegrenzte Ehrerbietung entgegenbrachten, die ihr dienten, ohne eine Bemerkung zu wagen, denn sie fühlten, wie traurig sie war. Ihr verehrendes und kummervolles Schweigen sprach ihr von M. de Laléande, sie hörte es mit Wonne und ließ das Mittagessen sehr langsam auftragen, um den Augenblick hinauszuzögern, da ihre Freundinnen kamen und sie etwas vorgeben musste. Sie wollte den

Geschmack der bittersüßen Traurigkeit ihrer Umgebung, deren Ursache er war, möglichst lange auf ihrer Zunge behalten. Es wäre ihr lieb gewesen, noch andere Wesen von ihm beherrscht zu wissen, es hätte sie erleichtert, zu fühlen, wie das, was ihr Herz ganz ausfüllte, auch ein wenig Raum außerhalb dieses Herzens fasste, gern hätte sie kraftvolle Tiere besessen, die sich vor Sehnsucht verzehrten wie sie selbst. In manchen Augenblicken der letzten Verzweiflung wollte sie ihm schreiben oder ihm schreiben lassen, sich entwürdigen, »nichts habe größere Bedeutung für sie«. Aber es erschien ihr besser, gerade im Interesse ihrer Liebe, ihre stolze Stellung in der Gesellschaft zu wahren, denn diese Stellung konnte ihr eines Tages Autorität über ihn verschaffen, wenn dieser Tag je käme. Und wenn eine kurze Intimität mit ihm den Zauber löschte, den er über sie geübt hatte (sie wollte und konnte es nicht glauben, noch auch es sich in der Phantasie einen Augenblick lang vorstellen; aber ihre nur zu scharfsichtige Klugheit übersah dieses grausame Schicksal nicht, trotz aller Verdunkelungsversuche ihres Herzens), dann musste sie nachher ohne den geringsten Halt auf Erden zurückbleiben. Und sollte sich einmal eine andere Liebe ergeben, dann hätte sie die Ressourcen nicht mehr, die ihr wenigstens heute noch zur Verfügung standen, diese Kraft, die ihr bei ihrer Rückkehr nach Paris ein intimes Zusammensein mit M. de Laléande leicht ermöglichen würde. Sie versuchte, ihre eigenen Empfindungen von sich zu scheiden und sie anzusehen wie einen fremden Gegenstand, den man prüft, und sagte zu sich: »Ich weiß, dass er mittelmäßig ist, und wusste es immer. Das ist mein Urteil über ihn, und daran hat sich nichts geändert. Wohl ist seitdem alles ins Kreisen geraten, aber nichts kann dieses Urteil trüben. Mag er wenig sein, so ist es dies Wenige, wofür ich lebe. Ich lebe für Jacques de Laléande!« Kaum hatte sie seinen Namen ausgesprochen, als sie ihn, durch eine diesmal unbewusste Gedankenverbindung und ohne Analyse, vor sich sah und in ihrem Inneren so viel Glück und so viel Leid empfand, dass ihr bewusst wurde, wie wenig sein Mangel an Persönlichkeit letztendlich ausmachte. Denn er war es, der sie Leid und eine Freude spüren ließ, neben der alles andere nichtig war. Und mochte sie immer noch denken, dass bei näherem Sichkennenlernen all dies verblassen musste, so erfüllte sie doch diese Luftspiegelung mit der ganzen Wirklichkeit ihres Schmerzes und ihrer Wollust. Eine Stelle aus den »Meistersingern«, die sie auf der Soirée bei der Princesse d'A... gehört hatte, war dazu imstande, M. de Laléande mit der höchsten Deutlichkeit vor ihr erstehen zu lassen (»Dem Vogel, der heut sang, dem war der Schnabel hold gewachsen«). Ohne es zu wollen, hatte sie daraus ein regelrechtes Leitmotiv für M. de Laléande gemacht, und als sie es einmal in Trouville im Konzert hörte, brach sie in Tränen aus. Von Zeit zu Zeit, nicht allzu oft, um sich nicht abzustumpfen, schloss sie sich in ihr Zimmer ein, wohin sie sich das Klavier hatte bringen lassen; sie begann diese Melodie zu spielen, schloss die Augen, um ihn besser zu sehen – das war der einzige Rausch der Freude, dem ein entzaubertes Ende folgen musste, das Opium, ohne das sie nicht leben konnte. Manchmal hielt sie mitten im Spielen inne, um zuzuhören, wie ihr Leid dahinfloss, so wie man sich niederbeugt, um die zarte, nie verlöschende Klage einer Quelle zu belauschen, und sie sah die grausame Wahl vor sich: hier ihre künftige Schande und infolgedessen die Verzweiflung der Ihren, dort (wenn sie nicht nachgab) ihre ewige Traurigkeit. Sie verfluchte sich selbst, allzu klug in ihrer Liebe Freud und Leid gemischt zu haben, so dass sie sich von ihr weder wie von einem unerträglichen Gift befreien noch auch in ihr Heilung finden konnte. Sie verfluchte vor allem ihre Augen, aber vielleicht noch mehr ihren abscheulichen Hang zur Koketterie und zur Neugier, der sie dazu gebracht hatte, diese Augen wie Blüten zu öffnen, um den jungen Mann anzulocken, und sie dann den Blicken des M. de Laléande auszusetzen, die gleich Pfeilen treffsicher waren und deren unbesiegbarer Süße man viel schwerer widerstehen konnte als den Injektionen von Morphium. Sie verfluchte auch ihre Einbildungskraft, denn diese hatte die Liebe so zärtlich genährt, dass sich Françoise manchmal fragte, ob nicht diese Liebe nur ein Spross der Einbildungskraft war, der jetzt seine Mutter quälte und tyrannisierte. Sie verfluchte auch ihre Raffinesse, die sich so erfindungsreich, so gut und so schlecht tausend Romane ausgedacht hatte, um ihn wiederzusehen, und was hatte sie mehr an den Heros gefesselt als die immer wiederkehrende Enttäuschung des ewigen Nein? Und sie verfluchte ihre Güte und die Zärtlichkeit ihres Herzens, die, wenn sie sich ihm einmal hingab, die Wonnen einer sträflichen Liebe mit Scham und mit Gewissensbissen vergällen mussten – und sie verfluchte ihren ungestümen Herrscherwillen, der so tollkühn sich aufbäumte, um Hindernisse zu überspringen, wenn ihre Begierde sie an die Grenze des Unmöglichen geführt hatte, der aber so schwach, so weich, so gebrochen war, wenn es galt, jenen Begierden standzuhalten, wenn ein andres Gefühl die Zügel ergriffen hatte. Sie verfluchte endlich auch ihre Denkkraft unter allen ihren göttlichen Verkleidungen, diese höchste Gabe, die sie empfangen hatte und der man (da man ihren echten Namen nicht weiß) alle möglichen Namen gegeben hatte: die Intuition des Dichters, die Ekstase des Gläubigen, das tiefe Gefühl der Natur und der Musik – denn dieses Denken war es gewesen, das vor ihre Liebe Gipfel gesetzt hatte und unbegrenzte Horizonte, sie in das übernatürliche Licht seines Zaubers getaucht und ihrer Liebe zum Tausch ein wenig von seinem Eigentum geliehen hatte, ihr Denken hatte Anteil an dieser Liebe genommen, sich solidarisch mit ihr erklärt und sein allerreinstes und tief innerstes Leben mit ihr vereinigt, hatte dieser Liebe so, wie man einen

Kirchenschatz einer Madonna weiht, alle die kostbaren Kleinode ihres Herzens und Verstands zugeeignet, ihres Herzens, das sie in den Abendgesellschaften klagen hörte und auf dem Meer, dessen Melancholie die Schwester ihres Schmerzes wurde, des Schmerzes darüber, dass sie ihn nicht einmal hatte sehen können; sie verfluchte dieses unbeschreibliche Gefühl des Geheimnisvollen aller Dinge, wo unser Geist in einem Strahlengewitter der Schönheit versinkt, gleich der Sonne, die im Meer untergeht, denn es hatte ihre Liebe vertieft und der Wirklichkeit entrückt, ausgebreitet, grenzenlos gemacht – aber doch nicht weniger quälend, denn (so sagt Baudelaire, wenn er von den Spätnachmittagen im Herbst spricht) »es gibt Empfindungen, deren Weite ihre brennende Intensität nicht ausschließt, und es gibt auf der ganzen Welt keine schärfere Spitze als die des Grenzenlosen.«

V

> Und so verzehrte er sich vom grauenden Morgen an auf dem Algengestrüpp des Gestades, denn er bewahrte im Grunde des Herzens wie einen Pfeil in der Leber die brennende Wunde der großen Kypris.
>
> *Theokrit: Der Zyklop*

Ich habe in Trouville Madame de Breyves wiedergetroffen, die ich einst als glückliche Frau gekannt habe. Nichts kann sie heilen. Wenn sie M. de Laléande wegen seiner Schönheit oder wegen seines Geistes liebte, könnte man immer noch, um sie zu zerstreuen, einen geistreicheren oder schöneren Menschen suchen. Wäre es seine Güte oder seine Liebe zu ihr, die sie an ihn kettete, könnte ein anderer versuchen, sie mit höherer Treue zu lieben. Aber M. de Laléande ist weder schön noch klug, er hat nie Gelegenheit gehabt, ihr zu beweisen, ob er zärtlich oder hartherzig, flatterhaft oder treu ist. So ist er es also, den sie liebt, nicht seine Verdienste oder seine bezaubernden Eigenschaften, die man in ebenso hohem Grad auch bei anderen finden könnte, er ist es also, den sie liebt, seiner Unvollkommenheit, seiner Mittelmäßigkeit zum Trotz; ihre Bestimmung ist es also, ihn trotz allem zu lieben. Dieses »ER«, wusste sie, was es ist? Davon abgesehen, dass er in ihr solche Schauder der Verzweiflung und Glückseligkeit auslöste, angesichts derer ihr ganzes übriges Leben und die anderen Dinge dieser Welt bedeutungslos wurden? Das schönste Gesicht, die eigenartigste Klugheit hätten nicht dieses unnachahmliche, geheimnisvolle Etwas besessen, das so einzig ist, dass es von keinem menschlichen Wesen im grenzenlosen Raum und in der Unermesslichkeit der Zeit einen exakten Doppelgänger geben wird. Wäre nicht Geneviève de Buivres dagewesen, die sie in ihrer Unschuld zu Madame d'A... geführt hatte, dann hätte sich dies alles nie begeben. Aber die Tatsachen greifen wie Glieder einer Kette ineinander und halten sie gefesselt, ein Opfer eines Leidens ohne Heilmittel, denn hier versagt die Vernunft. M. de Laléande, der zur Zeit am Strand von Biarritz zweifellos sein mittelmäßiges Leben voller mickriger Träume spazieren führt, wäre sicherlich sehr erstaunt, wenn er von dieser anderen Existenz wüsste, die von so wundersamer Kraft ist, dass sie sich alles andere untergeordnet, alles Übrige vernichtet hat, was außer ihr noch in der Seele von Madame de Breyves lebte, eine Existenz, die ebenso fortdauert wie seine persönliche Existenz, sich ebenso nach außen durch Handlungen ausdrückt und sich bloß durch ein viel schärferes, konstanteres, reicheres Bewusstsein unterscheidet. Wie erstaunt wäre er doch, wüsste er, dass er, der in seiner körperlichen Erscheinung kaum Gegenstand besonderer Aufmerksamkeit ist, von Madame de Breyves, wo sie geht und steht, zum Leben aufgerufen wird, mitten unter den begabtesten Menschen, in den exklusivsten Salons, in den sich selbst am meisten genügenden Landschaften, und dass diese vielgeliebte und vielbewunderte Frau keinen Hauch von Zärtlichkeit, von Aufmerksamkeit für etwas anderes übrig hat als nur für die Erinnerung an diesen Eindringling, vor der alles verblasst, als habe sie allein die unwiederbringliche Wirklichkeit eines lebenden Menschen und als seien die anwesenden Personen eitel Schatten und Erinnerung.

Ob nun Madame de Breyves mit einem Dichter spazieren geht oder bei einer Erzherzogin frühstückt, ob sie nun allein ist und liest oder ob sie mit ihrem besten Freund sich unterhält, ob sie zu Pferde sitzt oder ob sie schläft: Der Name, das Bild von M. de Laléande schwebt über ihr, köstlich und grausam, unentrinnbar, so wie der Himmel über unseren Häuptern. Sie, die Biarritz verabscheut, ist so weit gekommen, bei allem, was an diese Stadt erinnert, einen schmerzlichen und aufreizenden Zauber zu empfinden. Sie interessiert sich für die Leute, die dort sind, die ihn vielleicht einmal sehen werden, ohne es zu wissen, die vielleicht mit ihm leben werden, ohne daraus Genuss zu ziehen. Für diese Menschen ist sie voller Wohlwollen, sie wagt nicht, ihnen Aufträge zu erteilen, stellt bloß unaufhörlich Fragen an sie, und das Einzige, worüber sie staunt, ist der Umstand, dass die Menschen so vieles rund um ihr Geheimnis von ihr hören, ohne dass es jemand entdeckt. Eine große Fotographie von Biarritz ist der einzige Schmuck ihres Zimmers. Man sieht da verschiedene Spaziergänger, deren Gesichter man nicht erkennen kann; einem von ihnen leiht sie die Züge von M. de Laléande. Wenn sie wüsste, welche schlechten Musikstücke er liebt und spielt, dann würden die verachteten Romanzen zweifellos auf ihrem Klavier und bald auch in ihrem Herzen den Platz der Sonaten von Beethoven und den Rang der Musikdramen von Wagner einnehmen, durch eine sentimentale Erniedrigung ihres Geschmacks und kraft des Zaubers, den der Mann, von dem aller Zauber und aller Schmerz ausgeht, auf diese Musik überträgt. Sie hat einen Menschen bloß zwei- oder dreimal gesehen und jedes Mal nur kurze Zeit, er hat einen so kleinen Platz in den äußeren Begebenheiten ihres Lebens inne, und doch hat sein Bild ihr ganzes Denken und ihr ganzes Herz ausgesaugt bis auf den letzten Rest, und dieses Bild trübt sich nun vor den ermüdeten Augen ihrer Erinnerung. Sie sieht ihn nicht mehr deutlich, sie kann sich seiner Züge, seiner Silhouette nicht mehr entsinnen, kaum mehr seiner Augen. Und doch ist dieses Bild alles, was sie noch von ihm besitzt, und es ist ihr fürchterlichster Gedanke, sie könnte es verlieren, dass ihr Verlangen – das sie zugegebenermaßen quält, aber ganz ihr angehört, in dem sie Zuflucht gefunden hat, nachdem sie allem anderen entflohen ist, an das sie sich klammert, wie man sich an die Selbsterhaltung klammert, ans Leben, mag es gut sein oder schlecht – nachlassen könnte und ihr nichts mehr bliebe als das schale Gefühl nach einer Krankheit oder einem leidvollen Traum, dessen Verursacher sie nicht mehr kennt, nicht einmal in Gedanken sieht, nicht einmal in Gedanken liebkosen kann. Aber jetzt ist das Bild des M. de Laléande zurückgekommen nach dieser plötzlichen Verwirrung des inneren Gesichts. Ihr Kummer kann wieder beginnen, das ist fast eine Freude.

Wie wird Madame de Breyves die Rückkehr nach Paris ertragen? Wenn er erst im Januar zurückkommt, was wird sie bis dahin tun? Was wird sie, was wird er nachher tun?

Zwanzigmal wollte ich nach Biarritz reisen und M. de Laléande wieder zurückbringen. Die Folgen wären vielleicht schrecklich gewesen, aber ich kam nicht dazu, dies zu überprüfen, sie gestattete es nicht. Doch es bringt mich zur Verzweiflung, zu sehen, wie diese unerklärliche Liebe von innen her unablässig gegen ihre zarten Schläfen hämmert, bis sie fast zerspringen. Diese Liebe durchdringt ihr ganzes Leben mit dem Rhythmus der Angst. Oft stellt sie sich vor, er werde nach Trouville kommen, sich ihr nähern, ihr sagen, er liebe sie. Sie sieht ihn, seine Augen leuchten. Er spricht zu ihr mit dieser tonlosen Traumstimme, die uns hindert, an sie zu glauben, und zugleich zwingt, ihr zuzuhören. Es ist ER. Er sagt ihr diese Worte, die uns in Ekstase bringen, obgleich wir sie nur im Traum hören, wenn wir in ihnen mit der äußersten Zärtlichkeit das göttliche Lächeln gespiegelt finden, unter dem die Geschicke zweier glaubender Menschen sich vereinigen. Aber sofort erweckt sie der klare Gedanke, dass die Wirklichkeit und ihre Begierde parallel laufen und es ihnen ebenso unmöglich ist, sich zu vereinigen, wie einem Körper die Vereinigung mit dem Schatten, den er geworfen hat. So erinnerte sie sich der Minuten in der Garderobe, da sein Ellbogen ihren Ellbogen streifte, da er ihr diesen Körper anbot, den sie jetzt an den ihren hätte pressen können, wenn sie gewollt hätte, wenn sie nur gewusst hätte, und der jetzt vielleicht auf ewig fern von ihr ist, und sie fühlt, wie die Schreie der Verzweiflung und der Revolte durch ihren Körper fahren wie die, die man auf sinkenden Schiffen hört. Wenn es vorkommt, dass sie sich beim Spaziergang über den Strand oder in den Wäldern vom Vergnügen der Kontemplation oder der Träumerei sanft erobern lässt oder wenigstens von einem guten Duft, einem verwehten Gesang, den die Brise herbeiträgt, und sie einen Augenblick lang ihr Unglück vergisst, dann fühlt sie plötzlich einen gewaltigen Schlag im Herzen, eine schmerzensreiche Wunde, und über den Wogen oder über den Blättern am verschwimmenden Horizont des Waldes oder des Meeres erscheint das undeutliche Bild ihres unsichtbaren und allgegenwärtigen Bezwingers, der, mit Augen, leuchtend wie an jenem Tag, als er sich ihr anbot, durch die Wolken entschwindet, den Köcher noch in der Hand, aus dem er ihr eben den Pfeil zusandte.

Juli 1893

Begegnung am Ufer des Sees

Bevor ich gestern zum Diner im Bois ging, hatte ich einen Brief von IHR empfangen, der eine außerordentlich kühle Antwort auf meinen verzweifelten Brief von vor acht Tagen enthielt: Sie fürchte, mir vor ihrer Abreise nicht mehr Adieu sagen zu können. Ich aber, nicht weniger frostig, antwortete ihr, dass dies das Beste sei und dass ich ihr einen schönen Sommer wünsche. Dann kleidete ich mich an und fuhr im offenen Wagen quer durch den Bois. Ich war unendlich traurig, aber ruhig. Entschlossen, zu vergessen, hatte ich meine Entscheidung getroffen, und alles andere war Sache der Zeit.

Der Wagen fuhr am See entlang. Da bemerkte ich weiter hinten auf einem kleinen Weg, der den See in fünfzig Meter Entfernung von der Allee umrundet, eine Dame, die langsam und allein für sich spazieren ging. Ich erkannte sie vorerst nicht. Sie grüßte mich leichthin mit der Hand, und jetzt erkannte ich sie trotz der Entfernung. Sie war es. Ich grüßte sie galant. Sie sah mich fortwährend an, als wünschte sie, dass ich anhielt und sie mit mir nahm. Ich tat nichts, aber ich fühlte sofort, wie mich gewissermaßen von außen die Erregung übermannte und mich beinahe erdrückte. »Hab ich's nicht geahnt«, rief ich, »es muss unbekannte Gründe geben, denen zuliebe sie immer die Kalte gespielt hat. Sie liebt mich, die teure Seele.« Ein unendliches Glück, eine unbesiegliche Gewissheit erfasste mich, ich fühlte mich einer Ohnmacht nahe und brach in Tränen aus. Der Wagen kam in die Gegend von Armenonville, ich wischte mir die Augen, und vor ihnen erschien, um die letzten Tränenspuren zu trocknen, der süße Gruß ihrer Hand – ihre Augen blieben auf meine Augen geheftet mit der sanften Frage, mit dem Wunsch, bei mir einzusteigen.

Strahlend erschien ich zum Diner. Mein Glück ergoss sich über alle in fröhlicher Liebenswürdigkeit, in herzlicher Dankbarkeit, dazu kam noch die Empfindung, dass kein Mensch wusste, welche Hand, allen unbekannt, mich gegrüßt und in mir das große Freudenfeuer entzündet hatte, dessen Strahlenglanz nun allen sichtbar war, und diese Empfindung gab meinem Glück auch noch den Zauber geheimer Zärtlichkeiten. Man wartete nur noch auf Madame de T., und sie kam in diesem Augenblick. Sie war die nichtssagendste Person, die mir je untergekommen war, sie war wohl gut gewachsen, trotzdem äußerst unsympathisch. Aber jetzt war ich zu glücklich, ich musste jedem Menschen seine Hässlichkeit, seine Fehler verzeihen, und ich wandte mich zu ihr mit einem etwas künstlichen Lächeln.

»Vorhin waren Sie nicht so liebenswürdig gegen mich«, sagte sie.

»Vorhin?«, fragte ich erstaunt, »vorhin habe ich Sie doch gar nicht gesehen!«

»Ist's möglich? Haben Sie mich nicht wiedererkannt? Freilich, Sie waren weit genug weg. Ich ging am See entlang, Sie kamen stolz im Wagen an mir vorbei, ich habe Sie mit der Hand gegrüßt und hatte nicht wenig Lust, mit Ihnen zu fahren, um mich nicht zu verspäten.«

»Ach, Sie waren das?«, rief ich aus, und verzweifelt fügte ich einige Mal hinzu: »Ich bitte Sie um Verzeihung, ich bitte Sie sehr darum.«

»Was macht er doch für ein unglückliches Gesicht! Mein Kompliment, Charlotte«, sagte die Dame des Hauses. »Aber trösten Sie sich, denn Sie sind wenigstens jetzt bei ihr!«

Ich war niedergeschmettert, mein ganzes Glück war dahin.

Nun gut. Das Fürchterlichste ist, dass das alles nicht spurlos vorüberging. Das Bild der liebenden Frau, die mich nicht liebte, änderte, ungeachtet meiner Einsicht in meinen Irrtum, auf lange Zeit hinaus meine Einstellung zu ihr. Ich versuchte eine Wiederannäherung, ich vergaß weniger schnell, und oft suchte ich mich in meinem Kummer damit zu trösten, dass ich mich zu glauben zwang, es seien ihre Hände gewesen, wie ich es zuerst erspürt hatte, ich schloss die Augen, um sie wiederzusehen, ihre kleinen Hände, die mich gegrüßt, die meine Augen getrocknet hatten und meine Stirn so gut gekühlt, ihre kleinen Hände in den Handschuhen, die sie mir am Seeufer wie zarte Friedenszeichen entgegengestreckt hatte, als Symbole der Liebe und der Versöhnung, während ihre traurig fragenden Augen mich zu bitten schienen, ich möchte sie mit mir nehmen.

Die Beichte eines jungen Mädchens

> Die Begierden unserer Sinne reißen uns hier und dort hin, aber, ist die Stunde vorbei, was bleibt uns in Händen? Reue des Gewissens und Vergeudung des Geistes. Man geht freudig fort, oft kommt man traurig zurück, und die Vergnügungen des Abends machen den nächsten Morgen düster. So schmeichelt anfangs die Sinnenfreude, aber zum Schluss verletzt sie und tötet sie.
>
> *Nachfolge Christi I, 18*

I

> Man sucht Vergessen in falscher, lauter Fröhlichkeit, aber durch alle Trunkenheit kommt, jungfräulich wie am ersten Tag, der süße Duft des Flieders geschwebt, süß und traurig zugleich.
>
> *Henri de Regnier*

Bald ist die Erlösung da. Ich war ungeschickt, ich habe schlecht geschossen, fast hätte ich mich überhaupt nicht getroffen. Sicherlich wäre es besser gewesen, sofort zu sterben, aber schließlich ist man nicht imstande gewesen, die Kugel zu extrahieren, und Komplikationen vonseiten des Herzens haben begonnen. Das kann nicht mehr lange dauern, immerhin acht Tage, und während dieser ganzen Zeit werde ich nichts anderes tun können, als mit aller Kraft den furchtbaren Knoten des Schicksals noch einmal zu knüpfen. Wäre ich nicht so schwach, hätte ich genug Willenskraft, um mich zu erheben, abzureisen, dann würde ich in Oublis sterben wollen, in jenem Park, in dem ich bis zu meinem fünfzehnten Lebensjahr alle meine Sommer verbracht hatte. Kein Ort auf Erden ist mehr erfüllt von meiner Mutter, so sehr haben ihre

Gegenwart und noch mehr ihre Abwesenheit jeden Fußbreit Landes durchtränkt. Ist nicht die Abwesenheit für den Liebenden die allersicherste, die allerlebendigste, die wirksamste, die unzerstörbarste und die treueste aller Gegenwarten?

Meine Mutter brachte mich Ende April nach Oublis, reiste nach zwei Tagen ab, kam dann noch einmal Mitte Mai auf zwei Tage zurück und holte mich in der letzten Juniwoche ab. Diese kurzen Besuche waren das Süßeste und Grausamste zugleich. Während dieser zwei Tage überschüttete sie mich mit Zärtlichkeiten, mit denen sie im Allgemeinen sehr sparsam war, denn sie wollte mich abhärten und meine krankhafte Empfindsamkeit beruhigen. An den beiden Abenden, die sie in Oublis verbrachte, kam sie an mein Bett, um mir gute Nacht zu sagen. Sonst hatte sie diese alte Gewohnheit längst aufgegeben, denn ich fand darin viel zu viel Freude und viel zu viel Leid; statt zu schlafen, rief ich sie unaufhörlich wieder zu mir, damit sie mir noch einmal gute Nacht sagte. Das wagte ich aber zum Schluss nicht mehr, obwohl ich die leidenschaftlichste Sehnsucht nach ihr empfand, und so ersann ich stets neue Vorwände, zum Beispiel, mein heißes Kopfkissen wenden, meine eiskalten Füße von ihren Händen wärmen zu lassen, wie nur sie es konnte. Diese zärtlichen Augenblicke gewannen einen besonderen Zauber dadurch, dass ich fühlte, dass jetzt meine Mutter sich ganz unverstellt gab und dass ihre sonstige kühle Zurückhaltung ihr schwergefallen sein musste. Am Tag der Abreise, ein Verzweiflungstag, an dem ich mich bis zum Eisenbahnwagen an ihr Kleid klammerte, sie anflehte, mich doch nach Paris mitzunehmen, erkannte ich klar und deutlich das Wahre hinter ihrer Maske, die echte Traurigkeit hinter den heiteren und wütenden Vorwürfen, mit denen sie meine Traurigkeit abtat: »dumm, lächerlich«, erkannte, dass sie mich lehren wollte, zu beherrschen, was sie im Grunde teilte. Noch fühle ich meine Aufregung an einem dieser Abschiedstage (genau dieses Gefühl, nicht durch die schmerzvolle Rückkehr zum Heute verändert), es war der Tag, an dem ich die süße Entdeckung ihrer Zärtlichkeit machte, die der meinen glich und ihr doch überlegen war. Wie alle Entdeckungen war sie vorher gefühlt und geahnt, aber die Tatsachen schienen ihr so oft zu widersprechen. Meine süßesten Eindrücke stammen aus den Jahren, in denen sie nach Oublis zurückkehrte, wohin man sie wegen meiner Krankheit gerufen hatte. Das zählte nicht nur als ein Besuch mehr, auf den ich nicht hatte rechnen dürfen, sondern vor allem war meine Mutter nichts als Süße und Zärtlichkeit, die sich ganz aus dem Grunde des Herzens und ohne Hemmungen offenbarten. Diese Süßigkeit und Zärtlichkeit waren zu dieser Zeit noch nicht von dem Gedanken umwoben, dass sie mir eines Tages fehlen könnten, damals bedeuteten sie so viel für mich, dass das Wunder der Genesung mir immer furchtbar traurig war, denn mit ihm kam der Tag, wo ich hergestellt war und meine Mutter zurückreisen konnte, und bis dahin war ich doch nicht mehr so krank, als dass sie nicht so streng und unnachsichtig sein konnte wie zuvor.

Eines Tages hatten mir die Onkel, bei denen ich in Oublis wohnte, verheimlicht, dass meine Mutter auf dem Weg zu mir war, denn ein junger Cousin war gekommen, der ein paar Stunden mit mir verbringen sollte, und ich hätte mich in der bangen Vorfreude nicht mit ihm abgegeben. Vielleicht war diese Heimlichtuerei der erste mehrerer Umstände, die, ohne dass ich es wollte, meinem Hang zum Bösen Vorschub leisteten, den ich wie alle gleichaltrigen Kinder und übrigens nicht in höherem Grade in mir trug. Dieser junge Cousin, der fünfzehn Jahre zählte – ich war vierzehn –, war bereits sehr lasterhaft und brachte mir Dinge bei, die mich sofort erzittern ließen vor Schuld- und Lustgefühlen. Ich genoss es, ihm zuzuhören, ließ seine Hände die meinigen liebkosen, eine Freude, die schon an der Quelle vergiftet war; bald fand ich die Kraft, ihn zu verlassen und mich in den Park zu retten, erfüllt von einer ungeheuren Sehnsucht nach meiner Mutter, die ich, ach so fern!, in Paris wusste und nach der ich, ich konnte es nicht hindern, laut in den Alleen rief. Plötzlich kam ich an einer Hainbuche vorbei, und da sah ich sie auf einer Bank, lächelnd, mit offenen Armen. Sie hob ihren Schleier, um mich zu küssen, ich stürzte an ihre Wange und zerfloss in Tränen. Ich weinte lange Zeit, erzählte ihr tausend hässliche Dinge, die ich nur ob der Naivität meines Alters sagen konnte, und sie wusste sie wunderbar anzuhören, ohne sie ganz zu verstehen; sie minderte ihre Wichtigkeit durch eine Güte, die das Gewicht meiner Gewissensschuld erleichterte. Leicht und leichter wurde dieses Gewicht. Meine gedemütigte, zu Boden gedrückte Seele erhob sich mehr und mehr, wurde leichter und lebhafter, strömte über, ich war ganz Seele. Eine göttliche Sanftheit ging von meiner Mutter und von meiner wiedergewonnenen Unschuld aus. Bald drang ein ebenso reiner wie frischer Duft an meine Nase. Es war ein Fliederbusch, dessen einer Zweig, halb verborgen vom Sonnenschirm meiner Mutter, bereits in Blüte stand und aus seinem unsichtbaren Versteck heraus alles mit Duft erfüllte. Oben in den Bäumen sangen die Vögel voller Inbrunst. Zwischen den Wipfeln war der Himmel von so tiefem Blau, dass er wie der Vorraum eines Himmels erschien, in den man ohne Ende hinaufsteigen konnte. Ich küsste meine Mutter; nie habe ich die Süße dieses Kusses wieder empfunden. Am nächsten Tag reiste sie zurück, und diese Abreise war grausamer als alle vorangegangenen. Zugleich mit dem Glück verließen mich nun, da ich einmal gesündigt hatte, scheinbar die Kraft und der notwendige innere Halt.

Ob ich es wollte oder nicht, all diese Trennungen lehrten mich, dass es eines Tages kein Wiedersehen mehr geben würde, wenngleich ich zu dieser Zeit nie ernstlich die Möglichkeit erwogen habe, meine Mutter zu überleben. Ich war entschlossen, mich in der Minute zu töten, die ihrem Tod folgte. Später gab mir ihre Abwesenheit noch andere sehr bittere Lehren, nämlich die, dass man sich an Abwesenheit gewöhnt und dass die furchtbarste Vernichtung des eigenen Ichs, das erniedrigendste Leiden, darin besteht, dass man nicht mehr leidet. Diese Einsichten wurden übrigens in der Folge Lügen gestraft. Ich erinnere mich jetzt des kleinen Gartens, in dem ich mit meiner Mutter das Frühstück einnahm und wo es unzählbare Stiefmütterchen gab. Diese Blumen waren mir immer etwas traurig erschienen, würdig wie Wappenschilder, aber süß und samtartig, oft malvenfarben, manchmal violett, beinahe schwarz, mit zierlichen, geheimnisvollen gelben Ornamenten, andere wieder ganz weiß und von einer zarten, gebrechlichen Unschuld. Ich pflücke sie jetzt alle in meiner Erinnerung, diese Stiefmütterchen; seitdem ich sie verstanden habe, ist ihre Traurigkeit noch gewachsen, die holde Süße ihres samtenen Wesens ist auf immer verschwunden.

II

Wie konnte dieses ganze frische Wasser der Erinnerungen noch einmal hervorbrechen und durch meine unreine Seele von heute fließen, ohne schmutzig zu werden? Welche Wunderkraft besitzt dieser Morgenduft des Flieders, dass er so viel üble Dünste überwinden kann, ohne sich mit ihnen zu mischen und ohne sich zu verlieren? Ach! Zugleich in mir, fern von mir, außerhalb meiner, erwacht meine vierzehnjährige Seele wieder. Ich weiß wohl, es ist nicht mehr meine Seele, und es hängt nicht mehr von mir ab, dass sie es werde. Und doch, ich habe nie geglaubt, dass ich eines Tages so weit kommen würde, sie zu vermissen. Sie war ganz rein, und es wäre meine Aufgabe gewesen, sie stark zu machen und fähig, in Zukunft nach dem Höchsten zu streben. Oft, wenn ich in den warmen Stunden des Tages in Oublis mit meiner Mutter am Ufer des Wassers weilte, in dem die Sonne und die Fische glitzerten, oder am Morgen oder Abend, wenn ich mit ihr in den Feldern spazieren ging, erträumte ich mir wie selbstverständlich diese Zukunft, die sich an Schönheit niemals mit ihrer mütterlichen Liebe, nie mit meinem Wunsch messen konnte, meiner Mutter zu Gefallen zu sein, und die Kräfte, wenn nicht des Willens, so doch der Phantasie und des Gefühls, regten sich in mir und riefen förmlich nach einem Schicksal, in dem sie zur Wirklichkeit werden konnten, sie pochten in immer wiederholtem Schlag an die Wand meines Herzens, als wollten sie es öffnen und aus mir herausbrechen, sich ins Leben stürzen. Wenn ich in solchen Augenblicken mit meiner ganzen Kraft lossprang, meine Mutter tausendmal küsste, weit vor- und zurückrannte wie ein junger Hund oder zurückblieb, um Mohnblumen und Kornblumen zu pflücken, und diese unter lauten Rufen des Entzückens zu ihr brachte, dann lag das weniger an der Freude an diesem Spaziergang und an den gepflückten Blumen, sondern ich wollte meinem Glücksgefühl freien Lauf lassen, weil in mir dieses ganze Leben emporsprudelte und anfing, sich ins Unendliche zu verlieren, in weitere und zauberhaftere Fernen als der äußerste Horizont der Wälder und des Himmels, den ich in einem einzigen Sprung hätte erreichen mögen. Wenn ich euch, ihr Sträuße von Mohnblumen, Kleeblüten und Kornblumen, so trunken an mein Herz presste, ganz außer Atem und die Augen in Flammen, wenn ihr mich lachen machtet und weinen, war es deshalb, weil ich euch mit all meinen Hoffnungen zusammenflocht, die nun, nicht anders als ihr, vertrocknet und verwelkt und zu Staub geworden sind, doch ohne je Blüten getragen zu haben.

Was meine Mutter so betrübte, war mein Mangel an Willenskraft. Ich tat alles unter dem Eindruck des Augenblicks.

Solange dieser Augenblick von Quellen des Geistes und des Herzens gespeist wurde, so lange war mein Leben, wenn auch nicht ganz gut, so doch nicht ganz schlecht. Vor allem beschäftigte uns die Verwirklichung aller meiner vielen schönen Pläne: Arbeit, Ruhe, vernunftgemäßes Leben, denn wir beide, meine Mutter und ich, fühlten, sie klarer und ich verworrener, aber gleichwohl mit großer Kraft, dass diese Verwirklichung nichts anderes war als eine Neuschöpfung meines Lebens durch mein Selbst und in meinem Selbst, ein Bild auf der Leinwand der Zukunft, ein Ergebnis der Willenskraft, die alles in ihrem Schoß empfangen und zur Reife gebracht hatte. Aber immer verschob ich es auf den nächsten Tag. Ich ließ mir Zeit; oft tat es mir leid, den Augenblick vorübergleiten zu sehen, aber ich hatte doch noch so viel vor mir! Indessen hatte ich doch ein wenig Angst und ahnte, dass mein gewohnter Verzicht auf die Willensentfaltung mehr und mehr auf mir lastete, je mehr Jahre er sich hinzog, denn ich hegte den traurigen Verdacht, dass die Dinge sich nicht mit einem Schlag ändern würden, ich nicht auf ein schmerzloses Wunder rechnen durfte, um mein Leiden umzugestalten, meine Willenskraft selbst zu erschaffen. Sehnsucht nach der Willensentfaltung genügte nicht. Es bedurfte gerade dessen, was ich nicht ohne Willenskraft konnte: den Willen.

III

> Klatschen lässt der wüste Sturm der sinnlichen Begierden
> dein armes Fleisch wie ein altes Fahnentuch.
>
> *Baudelaire*

Während meines sechzehnten Lebensjahrs überstand ich eine Krise, die mich kränklich machte. Um mich zu zerstreuen, ließ man mich in der Welt debütieren. Junge Männer nahmen die Gewohnheit an, mich aufzusuchen. Einer von ihnen war verderbt und böse. Sein Benehmen war zugleich kühn und sanft, ich verliebte mich in ihn. Meine Eltern hörten davon, überstürzten aber nichts, um mir jedes Leid zu ersparen. Wenn ich ihn nicht sah, dachte ich unaufhörlich an ihn, und schließlich erniedrigte ich mich so weit, ihm so ähnlich zu werden, als es nur möglich war. Er führte mich in schlimme Geheimnisse ein, fast durch Überraschung, dann gewöhnte er mich daran, dass ich in mir schlechte Gedanken wach werden ließ, denen ich keine Willenskraft entgegenzusetzen hatte, und doch wäre sie die einzige Macht gewesen, diese bösen Gedanken in das höllische Dunkel zurückzustoßen, woher sie kamen. Als die Liebe zu Ende war, hatte die Gewohnheit ihren Platz eingenommen, und es fehlte nicht an unmoralischen jungen Leuten, welche die Gelegenheit wahrnahmen, sie auszubeuten. Sie waren die Genossen meiner Fehltritte und wurden auch ihre Verteidiger meinem Gewissen gegenüber. Anfangs empfand ich bittere Reue, ich machte Geständnisse, die aber nicht verstanden wurden. Meine Freunde brachten mich davon ab, weiter bei meinem Vater darauf zu bestehen. Nach und nach brachten sie mir die Überzeugung bei, alle jungen Mädchen täten das Gleiche, und die Eltern gäben nur vor, als wüssten sie nichts davon. Bald schon färbte meine Einbildungskraft die Lügen, die ich unablässig erzählte, mit dem Schein des Schweigens schön, welches man der allgemeinen Gepflogenheit zufolge über eine unentrinnbare Notwendigkeit zu wahren hat. In diesem Augenblick lebte ich nicht mehr im wahren Sinne des Wortes, aber noch träumte ich, dachte ich und fühlte ich. Um all diese bösen Begierden zu zerstreuen und zu verjagen, ging ich viel in Gesellschaft. Ihre Vergnügungen dörrten meine Seele aus, gewöhnten mich daran, stets unter Menschen zu sein, und mit der Freude an der Einsamkeit ging mir auch das Geheimnis der Freuden verloren, die mir bis dahin die Natur und die Kunst geschenkt hatten. Nie war ich so oft in Konzerten wie in diesem Jahr. Weil ich ganz dem Wunsch hingegeben war, in einer eleganten Loge bewundert zu werden, hat die Musik nie weniger tief auf mich gewirkt. Ich hörte alles, verstand nichts. Wenn ich sie zufälligerweise doch verstand, hatte ich trotzdem aufgehört, all das bei ihr zu empfinden, was nur die Musik offenbaren kann. Auch meine Spaziergänge waren mit Ödnis geschlagen. Die Dinge, die mich früher für den ganzen Tag glücklich machen konnten, ein wenig Sonnengold auf dem Rasen, der Duft der Blätter unter den letzten Regentropfen, nun hatten sie ihre Süße und ihre Heiterkeit verloren. Wälder, Himmel, Gewässer schienen sich von mir abzuwenden. Blieb ich allein mit ihnen, Angesicht zu Angesicht, dann stellte ich ängstlich Fragen an sie, aber sie flüsterten mir nicht ihre rätselvollen Antworten zu, die mich einst entzückt hatten. Die himmlischen Gäste, welche aus den Wassern, aus dem Laubwerk, aus dem Himmelsrund sprechen, würdigen ihres Besuches nur die Herzen, die in sich selbst ruhen und die geläutert sind.

Ich war auf der Suche nach einem Gegenmittel, und weil ich nicht den Mut hatte, das richtige zu wählen, das so nah und ach so fern von mir war, in meinem Selbst, gab ich mich von Neuem sträflichen Vergnügungen hin und glaubte, so die Flamme wieder anzufachen, welche die Gesellschaft ausgelöscht hatte. Vergebens. Gefesselt von der Lust, zu gefallen, verschob ich von Tag zu Tag die endgültige Entscheidung, die Wahl, den wirklich freien Willensakt, mich zur Einsamkeit zu entschließen. Ich verzichtete nicht auf eins von meinen beiden Lastern zugunsten des anderen. Ich mischte sie miteinander – was sage ich, jedes von diesen Lastern setzte seine Kraft ein, alle Hindernisse des Gedankens und des Gefühls zu durchbrechen, die vielleicht dem anderen Einhalt geboten hätten –, so schien eins das andere zu rufen. Denn ich ging in die

Gesellschaft, um mich nach einem Fehltritt zu beruhigen, und ich beging einen neuen, sobald ich ruhig geworden war. Dies ist der furchtbare Augenblick, meine Unschuld hatte ich verloren, noch hatte ich nicht die Gewissensbisse von heute, nie in meinem ganzen Leben bin ich weniger wert gewesen, und nie ward ich mehr von allen vergöttert. Früher hatte man mich für ein prätentiöses, übertriebenes kleines Mädchen gehalten, jetzt, gerade im Gegenteil, waren es die Aschenreste meiner Phantasie, die der Gesellschaft behagten und die man köstlich fand. Jetzt, während ich gegen meine Mutter das allerschwerste Vergehen beging, nannte man mich, weil meine Haltung gegen sie zärtlich und achtungsvoll war, ein leuchtendes Beispiel für alle Mädchen. Nach dem Selbstmord meines Denkens bewunderte man meine Klugheit, man geriet außer sich vor meinem Reichtum an Geist; meine Einbildungskraft war verdorrt, mein zartes Fühlen verroht, und gerade jetzt genügte es, um den Durst all jener zu stillen, die sich am meisten nach spirituellem Leben sehnten, denn dieser Durst war nur gekünstelt, verlogen wie die Quelle, aus der sie ihn stillen wollten. Übrigens ahnte niemand das geheime Laster meines Lebens, allen erschien ich als ein ideales junges Mädchen. Wie viele Eltern sagten nun zu meiner Mutter, sie würden keine andere Frau für ihren Sohn gewollt haben, hätten sie nur an mich denken dürfen und stünde ich nicht zu hoch. Auf dem Grunde meines versteinerten Gewissens empfand ich trotzdem ein verzweifeltes Schamgefühl bei solchen Schmeicheleien und Lobsprüchen. Aber dieses Gefühl kam nicht an die Oberfläche, denn so tief war ich gesunken, dass ich die Unwürdigkeit beging, sie lachend den Genossen meiner Laster zu erzählen.

IV

Gewidmet dem, der verloren hat, was sich nie wiederfindet … nie.

Baudelaire

Im Winter meines zwanzigsten Lebensjahrs wurde die Gesundheit meiner Mutter, die nie die stärkste gewesen war, sehr erschüttert. Ich erfuhr, dass ihr Herz erkrankt war, noch ohne besondere Gefahr, aber doch so, dass man alles Störende von ihr fernhalten sollte. Einer meiner Onkel sagte mir, meine Mutter wünsche mich verheiratet zu sehen. Eine wichtige, klare Pflicht wurde mir vor Augen gestellt. Ich sollte meiner Mutter beweisen, wie sehr ich sie liebte. Ich nahm die erste Werbung an, die sie mir übermittelte und die sie billigte, und überließ mich, mangels Willenskraft, der Notwendigkeit, gezwungenermaßen mein Leben ändern zu müssen. Mein Verlobter war genau der junge Mann, dessen außerordentliche Intelligenz, dessen Sanftheit und Energie einen besonders glücklichen Einfluss auf mich ausübten. Außerdem war er entschlossen, mit uns zu wohnen, ich musste mich nicht von meiner Mutter trennen, was mir den bittersten Schmerz bereitet hätte.

Nun fand ich den Mut, alle meine Fehler meinem Beichtvater zu bekennen. Ich fragte ihn, ob ich dasselbe Geständnis auch meinem Verlobten schulde. Er war mitleidig genug, mich von diesem Gedanken abzubringen, aber er ließ mich schwören, meine Verirrungen nie zu wiederholen, und gab mir dann die Absolution. Die späten Blüten, welche die Freude in meinem Herzen (ich hatte es längst für ewig verdorrt gehalten) sprießen ließ, trugen bald ihre Früchte. Die Gnade Gottes, das Gnadengeschenk einer Jugend, in der so viele Wunden sich von selbst dank der Lebendigkeit dieses Alters schließen, hatte mich geheilt.

Wenn, wie der heilige Augustinus sagt, es schwerer ist, Keuschheit wiederzuerlangen als sie zu verlieren, so lernte ich jetzt eine schwierige Tugend kennen. Niemand ahnte, dass ich nun ein viel besserer Mensch war als zuvor, und meine Mutter küsste jeden Abend meine Stirn, die für sie immer rein gewesen war, da sie von ihrer Wandlung nichts ahnte. Mehr noch, man machte mir in diesem Augenblick wegen meines zerstreuten Wesens, wegen meines Schweigens, wegen meiner Schwermut in der Gesellschaft ungerechte Vorwürfe. Aber ich wurde nicht böse, zwischen mir und meinem beruhigten Gewissen war ein Geheimnis, dem ich viel innere Freude verdankte. Die Genesung meiner Seele, die mir jetzt mit einem Antlitz zulächelte, das dem meiner Mutter glich und mich durch die gestillten Tränen mit zärtlichem Vorwurf betrachtete, besaß einen unendlich zarten Zauber. Ja, meine Seele begann ein neues Leben. Nun verstand ich nicht mehr, wie ich diese Seele hatte misshandeln, quälen, ja fast töten können, und ich dankte Gott aus überströmendem Herzen, sie noch im letzten Augenblick gerettet zu haben.

Diesen selben Gleichklang der tiefen, reinen Freude und der frischen Heiterkeit des Himmels genoss ich an dem Abend, an dem »alles geschah«. Wiewohl mein Verlobter, der auf zwei Tage zu seiner Schwester gereist war, abwesend war, obgleich der junge Mann, den die schwerste Verantwortung für meine begangenen Fehltritte traf, am Diner teilnahm, empfand ich an diesem klaren Maienabend nicht die geringste Traurigkeit. Keine Wolke am Himmel, keine auf seinem Spiegel, meiner Seele. Als bestünde zwischen meiner Mutter und meiner Seele eine geheimnisvolle Verbindung (obwohl die Mutter von meinen Verfehlungen absolut nichts wusste), war mit meiner Seele auch meine Mutter fast geheilt. »Man muss sie noch fünfzehn Tage schonen«, hatte der Arzt gesagt, »dann wird ein Rückfall kaum zu befürchten sein.« Diese Worte allein genügten, mir eine so glückliche Zukunft zu versprechen, dass ich bei dem Gedanken an all diese Süße in Tränen zerfloss. An diesem Abend trug meine Mutter ein etwas eleganteres Kleid, als es sonst ihre Gewohnheit war, und obschon mein Vater seit zehn Jahren tot war, trug sie heute zum ersten Mal etwas Malvenfarbenes an ihrem gewohnten schwarzen Kleid. Sie war ganz verwirrt, jetzt wie in jüngeren Jahren gekleidet zu sein, traurig und erfreut zugleich, dass sie ihren Schmerz und ihre Trauer bezwungen hatte, um mir Vergnügen zu bereiten und meine Freude zu feiern. Ich hielt eine rosa Nelke an ihr Oberteil, sie stieß sie erst zurück, doch weil sie von mir kam, steckte sie sie verschämt und mit zögernder Hand an. Als wir uns zu Tisch setzen wollten, zog ich sie in die Nähe des Fensters und küsste leidenschaftlich ihr Gesicht, das sich vom vergangenen Kummer zart erholt hatte. Es ist nicht wahr, was ich gesagt habe – dass ich die Süßigkeit ihres Kusses in Oublis nie wieder empfunden hätte. Der Kuss an diesem Abend war mir süßer als jemals ein anderer. Oder – es war derselbe Kuss wie in Oublis, denn der Zauber einer ähnlichen Minute hatte ihn geweiht; er schwebte leise aus den Tiefen der Vergangenheit empor und legte sich zwischen die noch ein wenig blassen Wangen meiner Mutter und meine Lippen.

Man trank auf das Glück meiner bevorstehenden Ehe. Ich war gewohnt, nur Wasser zu trinken, denn der Wein erregte meine Nerven zu sehr. Doch mein Onkel erklärte, bei einer solchen Gelegenheit könnte ich schon eine Ausnahme machen. Ich erinnere mich genau des lustigen Gesichts, das er bei diesem dummen Ausspruch machte … Mein Gott! Mein Gott! Ich habe mit so viel Ruhe alles gebeichtet, soll ich nun hier nicht mehr weiterkönnen? Ich weiß nichts mehr! Doch, ja … mein Onkel sagte, bei solch einer Gelegenheit könnte ich eine Ausnahme machen. Er sah mich dabei lachend an, und ich trank sehr schnell und ohne meine Mutter anzusehen, aus Angst, dass sie es mir verbieten würde. Sie sagte sanft: »Man soll dem Bösen nie einen Platz einräumen, und sei es ein noch so geringer.« Aber der Champagner war so kühl, dass ich noch zwei Gläser trank. Mein Kopf war nun schwer und benommen, ich sehnte mich sowohl nach Ruhe als auch danach, meine erregten Nerven zu entspannen. Man erhob sich. Jacques kam auf mich zu und sagte, indem er mich unverwandt ansah:

»Wollen Sie mit mir kommen? Ich möchte Ihnen ein paar Verse zeigen, die ich geschrieben habe.«

Seine schönen Augen leuchteten sanft aus seinem frischen Gesicht, langsam zwirbelte er mit einer Hand seinen Schnurrbart. Ich verstand sofort, dass ich verloren war, und fand keine Kraft, zu widerstreben. So sagte ich zitternd:

»Ja, es wird mir Freude machen.«

Mit diesen Worten, nein, vielleicht schon vorher, als ich das zweite Glas Champagner trank, beging ich die wirklich selbst verschuldete, die schändliche Tat. Danach ließ ich mich nur noch treiben. Wir hatten beide Türen zugeschlossen, und er presste mich an sich, ich fühlte seinen Atem an meiner Wange, fühlte seine Hände, die an meinem Körper entlangglitten. Die Lust ergriff mich mehr und mehr: Doch gleichzeitig mit dieser Wollust erwachte eine unendliche Traurigkeit, eine grenzenlose Verzweiflung in der Tiefe meines Herzens. Es schien mir, als brächte ich die Seele meiner Mutter, die Seele meines Schutzengels und meines Gottes zum Weinen. Niemals hatte ich ohne zitterndes Entsetzen lesen können, dass Verworfene ihre eigenen Frauen und ihre Kinder quälen. Nun schien es mir in meiner Verwirrung, dass in jeder wollüstigen, sträflichen Handlung ebenso viel Grausamkeit vonseiten des genießenden Körpers enthalten ist und dass in uns die guten Vorsätze, die reinen Engel, gemartert werden und weinen.

Bald mussten meine Onkel ihr Kartenspiel beendet haben und zurückkommen. Wir konnten ihnen entgegengehen, ich würde nicht mehr sündigen, es war das letzte Mal ... Plötzlich sah ich mich über dem Kamin im Spiegel. Von der unbestimmten Angst meiner Seele war auf meinem Gesicht nichts zu sehen; aber es strahlte, angefangen von den leuchtenden Augen bis hinab zu den brennenden Wangen und dem dargebotenen Mund, es strahlte förmlich in einer sinnlichen, stumpfsinnigen und brutalen Lust. Sofort dachte ich, wie müsste sich jemand entsetzen, der mich gesehen hatte, wie ich meine Mutter vorhin mit melancholischer Zärtlichkeit geküsst hatte, und der mich nun so zum Tier verwandelt sah. Doch im Spiegel presste sich gierig unter seinem Schnurrbart der Mund von Jacques an meine Wange. Bis ins Tiefste verwirrt näherte ich meinen Kopf dem seinen, als vor mir, ja, ich kann sagen, wie es war, hört mich, denn ich weiß es, vor mir auf dem Balkon, draußen vor dem Fenster, sehe ich meine Mutter, die mich entgeistert anstarrt. Ich weiß nicht, ob sie geschrien hat, ich habe nichts gehört, aber sie fiel nach hinten über und blieb mit dem Kopf zwischen zwei Streben des Balkongeländers liegen ...

Was jetzt kommt, erzähle ich euch nicht zum letzten Mal, auch habe ich es schon gesagt: Fast hätte ich mich verfehlt, ich hatte gut gezielt, aber schlecht geschossen. Doch man hat die Kugel nicht extrahieren können, und Komplikationen des Herzens haben begonnen. Aber nun kann ich womöglich noch acht Tage leben, und bis dahin werde ich nicht aufhören, über den Anfang nachzugrübeln und dem Ende zuzuschauen. Lieber wäre es mir sogar gewesen, wenn mich meine Mutter auch bei der Verübung der anderen Verbrechen gesehen hätte, ja und sogar auch noch bei diesem – nur hätte sie den Ausdruck von Freude nicht sehen sollen, den mein Gesicht im Spiegel hatte. Nein, sie hat ihn nicht sehen können ...

es ist ein zufälliges Zusammentreffen … der Schlaganfall hat sie getroffen, eine Minute, bevor sie mich sah … Sie hat es nicht gesehen … Es kann nicht sein! Gott, der ja alles wusste, kann das nicht gewollt haben.

Der Fremde

Dominique saß beim erloschenen Feuer und erwartete seine Gäste. Er lud jeden Abend einen vornehmen Herrn zum Abendessen bei sich ein, zusammen mit einigen geistvollen Leuten, und da er aus gutem Hause war, reich und bezaubernd, ließ man ihn nie allein. Noch waren die Leuchter nicht entzündet, und traurig erstarb das Tageslicht im Raum. Plötzlich hörte er, fern und doch vertraut, eine Stimme sprechen: »Dominique«, und es brauchte nichts als dieses Wort, gesprochen von so nah und von so fern, und schon fühlte er sich vom Eisesfrost der Furcht ergriffen. Nie hatte er diese Stimme gehört und erkannte sie doch sofort, sein Gewissen erkannte sie wieder als die Stimme seines Opfers, eines edlen, dargebrachten Opfers. Er suchte nach einem Verbrechen, das er in der Vergangenheit begangen haben mochte, aber er erinnerte sich nicht. Und doch machte ihm der Klang dieser Stimme ein altes Verbrechen zum Vorwurf, für das er, auch wenn er es unbewusst begangen haben musste, dennoch die Verantwortung trug, und so bestätigte sie in seinem Inneren seine Trauer und seine Angst. Er sah auf und erblickte, aufrecht, voller Würde und doch vertraut, einen Fremden dastehen, der eine nicht zu bestimmende und dennoch ergreifende Art an sich hatte. Dominique empfing mit einigen achtungsvollen Worten seine traurige und ihrer selbst sichere Autorität.

»Dominique, soll ich der Einzige sein, den du nicht zum Abendessen einlädst? Du hast vieles bei mir gutzumachen – aus alter Zeit. Und dann will ich dich lehren, auf die anderen zu verzichten, die nicht mehr kommen werden, wenn du alt bist.«

»Ich lade dich zum Abendessen ein«, antwortete Dominique mit einer liebevollen Ernsthaftigkeit, die er sonst an sich nicht kannte.

»Danke«, sagte der Fremde.

In seinen Siegelring war keine Krone graviert, und seine Worte waren nicht mit den spitzen eisigen Nadeln des Geistes gespickt. Aber die Dankbarkeit, die aus seinem brüderlichen und festen Blick sprach, erfüllte Dominique mit einem nie gekannten Glücksgefühl.

»Willst du mich aber bei dir behalten, musst du den anderen Adieu sagen.«

Dominique hörte sie schon an die Tür pochen; die Leuchter waren noch nicht angezündet, es herrschte tiefe Nacht. »Ich kann sie nicht fortschicken«, sagte Dominique, »ich kann nicht allein sein.«

»Ja, das wärest du – mit mir zusammen heißt allein sein«, sagte traurig der Fremde. »Und doch solltest du mich bei dir behalten. Du hast alte Schuld gegen mich und solltest sie gutmachen. Ich liebe dich mehr als die anderen und werde dich lehren, auf die anderen zu verzichten, die nicht mehr kommen werden, wenn du alt bist.«

»Ich kann nicht«, sagte Dominique.

Und doch fühlte er, dass er ein edles Glück opferte, weil er im Dienst einer gebieterischen und niedrigen Gewohnheit stand, die ihn nicht einmal mehr mit Vergnügen für seinen Gehorsam belohnte.

»Entscheide dich schnell!«, antwortete der Fremde, flehend und stolz zugleich.

Dominique ging zur Tür, um den Gästen zu öffnen, und ohne den Mut zu finden, seinen Kopf zu wenden, fragte er den Fremden: »Also, wer bist du?«

Und der Fremde, schon im Fortgehen begriffen, antwortete: »Die Gewohnheit, der du mich heute opferst, wird morgen noch stärker sein, denn du hast sie genährt mit dem Blut aus der Wunde, die du mir zugefügt hast. Sie wird noch tyrannischer werden, denn du hast ihr wieder einmal gehorcht, mit jedem Tag wird sie dich mehr von mir abwenden, sie wird dich zwingen, mich noch mehr zu quälen. Bald wirst du mich getötet haben. Du wirst mich nie wiedersehen. Und doch bist du mir tiefer verpflichtet als den anderen, die dich, bald schon, verlassen werden. Ich bin in dir und doch auf ewig, auf ewig weit geschieden, fast bin ich schon nicht mehr. Deine Seele bin ich, ich bin du selbst.«

Die Gäste waren eingetreten. Man begab sich in den Speisesaal, wo Dominique seine Unterredung mit dem verschwundenen Gast erzählen wollte, aber angesichts der allgemeinen Langeweile, angesichts auch der großen Anstrengung, die es den Hausherrn kostete, sich eines fast verblichenen Traumes zu erinnern, unterbrach Girolamo zur Zufriedenheit aller und Dominiques selbst die Rede und zog folgenden Schluss:

»Man darf nie allein bleiben; Einsamkeit ist die Mutter der Melancholie.«

Dann setzte man sich nieder zum Gelage. Dominique plauderte frisch, aber ohne Freude; indessen fühlte er sich geschmeichelt durch seine prachtvolle Tafelrunde.

Ein Diner in der Stadt

> Aber mein lieber Fundanius, wer hat mit dir die Freude dieser Mahlzeit geteilt? Ich möchte es zu gerne wissen.
>
> *Horaz*

I

Honoré kam zu spät, er begrüßte die Gastgeber, ebenso die Gäste, die er bereits kannte, wurde den anderen vorgestellt, und man begab sich zu Tisch. Nach einigen Minuten bat ihn sein Nachbar, ein sehr junger Mann, ihm die Namen der Gäste zu nennen und ihre Geschichte zu erzählen. Honoré hatte ihn noch nie in Gesellschaft getroffen. Er war sehr schön. Die Hausherrin warf unaufhörlich glühende Blicke auf ihn, die den Grund deutlich machten, warum er eingeladen worden war und wohl bald zu ihrem engsten Kreis gehören würde. Honoré ahnte in ihm eine künftige Macht, aber er neidete sie ihm nicht, und er machte sich mit wohlwollender Höflichkeit daran, seine Bitte zu erfüllen. Er blickte um sich. Ihm gegenüber saßen zwei Tischnachbarn, die nicht miteinander sprachen. Man hatte sie, was gut gemeint, aber ungeschickt war, gemeinsam eingeladen und nebeneinandergesetzt, weil beide sich mit Literatur beschäftigten. War schon dies ein Grund, sich zu hassen, so kam noch ein zweiter, besonderer hinzu. Der ältere, ein Verwandter – und doppelt hypnotisiert – von Paul Desjardins und M. de Vogüé, stellte ein tadelndes Schweigen gegen den jüngeren zur Schau, einen Lieblingsschüler von Maurice Barrès, der ihn seinerseits mit Ironie behandelte. Der Widerwille des einen steigerte unfreiwillig die Bedeutung des anderen und umgekehrt, genau als habe man den König der Verbrecher dem Kaiser der Trottel gegenübergesetzt. Weiter entfernt schlang voll Wut eine prachtvolle Spanierin die Speisen hinunter. Als vernünftige Person hatte sie ohne Zögern für diesen Abend ein Rendezvous geopfert, in der sicheren Erwartung, durch ihre Anwesenheit bei diesem Diner in ihrer gesellschaftlichen Karriere einen Schritt vorwärts zu tun. Und sie konnte mit Wahrscheinlichkeit darauf rechnen. Der Snobismus von Madame Fremer bedeutete für ihre Freundinnen ebenso wie der Snobismus der Freundinnen für diese Dame eine auf Gegenseitigkeit ausgestellte Rückversicherung gegen die Gefahr, im bürgerlichen Sumpf zu versinken. Aber der Zufall wollte es, dass gerade an diesem Abend Madame Fremer eine Anzahl Menschen auf Lager hatte, die sie zu ihren Diners nicht hatte einladen können, denen gegenüber sie aber aus verschiedenen Gründen nicht unhöflich sein wollte – und nun kunterbunt zusammenbrachte. Die Krone des Ganzen war eine Herzogin, welche die Spanierin aber bereits kannte und von der für sie nichts zu holen war. Deshalb wechselte sie verzweifelte Blicke mit ihrem Gemahl, dessen gutturale Stimme man bei allen Soireen nach und nach mit Pausen von je fünf Minuten, die er durch andere Notwendigkeiten auszufüllen wusste, folgende Worte hervorbringen hörte: »Wollen Sie die Güte haben, mich dem Herzog vorzustellen?« – »Durchlaucht, wollen Sie die Güte haben, mich der Herzogin vorzustellen?« – »Gnädige Frau Herzogin, wollen Sie mir die gütige Erlaubnis geben, Ihnen meine Frau vorzustellen?«. Er war außer sich, jetzt seine Zeit zu verlieren, dennoch spann er eine Unterhaltung mit seinem Nachbarn an, dem Geschäftspartner des Hausherrn. Seit einem Jahr flehte Fremer seine Frau an, diesen einzuladen. Endlich hatte sie nachgegeben und ihn zwischen einem Humanisten und dem Gatten der Spanierin versteckt. Der

Humanist las zu viel und aß zu viel. Er gab viele Zitate und Rülpser von sich, und war mit beidem seiner Nachbarin Madame Lenoir, einer vornehm bürgerlichen Dame, überaus lästig. Sie hatte schnell die Unterhaltung auf die Siege des Prince de Buivres in Dahomey gelenkt und sagte mit ergriffener Stimme: »Der liebe Junge! Wie freut es mich, dass er unserer Familie Ehre bringt.« Tatsächlich war sie die Cousine der Buivres, und diese, alle jünger als sie, behandelten sie mit der Achtung, die ihrem Alter, ihrer Beziehung zur königlichen Familie und ihrem großen Vermögen bei drei kinderlosen Ehen zukam. Sie hatte, was ihr an Familiengefühlen innewohnte, auf alle Buivres übertragen. Sie empfand tiefe Beschämung über die niederen Machenschaften des einen, der einen Rechtsbeistand brauchte – dagegen schmückte ihre nachdenkliche Stirn das Stirnband der Orleanistin und natürlich der Lorbeerkranz des anderen, der General war. Sie war in den bis dahin so streng verschlossenen Kreis dieser Familie eingedrungen, sie war ihr Haupt geworden, gleichsam die Alterspräsidentin. In der modernen Gesellschaft fühlte sie sich tatsächlich isoliert, sprach stets mit Rührung von den »alten Edelleuten von einst«. Ihr Snobismus war nur Phantasie und umgekehrt ihre ganze Phantasie nur Snobismus. Die hohen, ehedem sehr berühmten Namen übten über ihren sensiblen Geist eine eigenartige Herrschaft, sie fand einen ebenso uneigennützigen Genuss darin, mit einem Fürsten zu dinieren wie Memoiren des *ancien régime* zu lesen. Sie trug immer die gleichen Hängelocken, ihre Frisur änderte sich so wenig wie ihre Grundsätze. Ihre Augen funkelten von Dummheit. Ihr lächelndes Gesicht war edel, ihre Mimik außerordentlich und nichtssagend zugleich. Aus lauter Gottvertrauen war sie immer freudig erregt, sei es am Vorabend einer *garden party* oder einer Revolution, was sich in hastigen Gesten äußerte, die entweder den Radikalismus vertreiben sollten oder das schlechte Wetter. Ihr Nachbar, der

Humanist, plauderte mit ermüdender Eleganz und mit einer schrecklichen Geschicklichkeit im Formulieren. Um seine Vorliebe für einen guten Bissen und einen guten Tropfen vor anderen zu entschuldigen und um diese Liebe in seinen eigenen Augen zu poetisieren, zitierte er Horaz. Unsichtbare, antike, aber frisch gebliebene Rosen kränzten seine schmale Stirn. Mit ewig gleichbleibender Liebenswürdigkeit, die ihr leichtfiel, weil sie darin eine Übung ihrer Macht und ein Zeichen der selten gewordenen Achtung vor alten Traditionen sah, richtete Madame Lenoir alle fünf Minuten das Wort an den Kompagnon von M. Fremer. Übrigens hatte dieser Gast keinen Grund, sich zu beklagen. Von der anderen Seite der Tafel richtete Madame Fremer die bezauberndsten Schmeicheleien an ihn. Sie wollte, dass dieses Diner für mehrere Jahre reiche, und in ihrem energischen Entschluss, diesen Störenfried möglichst lange nicht mehr einladen zu müssen, begrub sie ihn heute unter Blumen. Was M. Fremer betrifft, so arbeitete er tagsüber in seiner Bank, abends schleppte ihn seine Frau in die Gesellschaft, oder er musste zu Hause bleiben, wenn seine Frau empfing, immer bereit sein, alles hinunterzuschlucken, immer den Maulkorb um den Mund – schließlich brachte er den jeweiligen Umständen den gleichen indifferenten Ausdruck entgegen, gemischt aus matter Gereiztheit, schmollender Resignation, verhaltener Wut und tiefer Verblödung. Indessen machte dieser Ausdruck auf dem Gesicht des Finanzmannes heute einer herzlichen Genugtuung Platz, sooft sein Blick dem des Kompagnons begegnete. So schwer erträglich ihm der Mann im täglichen Leben war, so fühlte er jetzt eine flüchtige, aber aufrichtige Sympathie, nicht nur deshalb, weil er ihn so leicht mit seinem Luxus blenden konnte, sondern kraft jener leichten Brüderlichkeit, die uns in der Fremde angesichts eines Landsmannes, mag er noch so abstoßend sein, ergreift. Er, der Hausherr, der Abend für Abend so brutal aus seinen

Gewohnheiten gerissen wurde, so unbillig der verdienten Ruhe entzogen, so grausam entwurzelt, spürte ein Band, eines, das er für gewöhnlich verabscheute, das ihn aber jemandem attachierte und stark genug war, ihn aus seiner grimmigen und verzweifelten Isolation zu befreien. Ihm gegenüber spiegelte Madame Fremer ihre blonde Schönheit in den bezauberten Blicken ihrer Tischgenossen. Die Aura ihres doppelt guten Rufs, die sie umgab, war ein trügerisches Prisma, durch das jeder versuchte, ihren wahren Charakter zu erkennen. Ehrgeizig, intrigant, beinahe Abenteurerin – das war die eine Stimme, die Meinung der Finanzwelt, die sie einer höheren Bestimmung zuliebe verlassen hatte, aber in den Augen des Faubourg und der königlichen Familie, die sie als ein Wesen von besonderen Geistesgaben erobert hatte, erschien sie als Engel von Güte und Tugend. Übrigens hatte sie ihre alten, bescheideneren Freunde nicht vergessen, sie erinnerte sich ihrer, besonders wenn sie krank waren oder in Trauer, denn das waren rührende Angelegenheiten und betrübende Umstände, angesichts deren man nicht in die Gesellschaft geht und sich kaum beklagen kann, nicht eingeladen zu werden. Daher ihre Neigung zu Ausbrüchen der Nächstenliebe und zu Gesprächen mit Anverwandten oder Priestern am Bett von Sterbenden, wo sie Tränen vergoss, und so einen Gewissensbiss nach dem anderen abtötete, den ihre doch allzu leichte Lebensführung ihrem nicht ganz skrupellosen Herzen versetzte.

Aber der reizendste Tischgast war die junge Herzogin von D., deren beweglicher, klarer, aber nie unruhiger Geist so sonderbar mit dem unheilbar schwermütigen Ausdruck ihrer schönen Augen und dem Pessimismus ihrer Lippen kontrastierte, mit der grenzenlosen, edlen Müdigkeit ihrer Hände. Diese liebte mit allen Fasern das Leben in all seinen Formen, Güte, Literatur, tätiges Dasein, Freundschaft. Nun nagte sie, als seien es missachtete Blumen, an ihren schönen, roten Lippen, ohne sie welk zu machen, während ihr entzaubertes Lächeln die Mundwinkel kaum anzuheben vermochte. Ihre Augen schienen einer Seele zu gehören, der für immer in den elenden Wassern des Bedauerns versunken war. Wie viele Menschen schon haben auf der Straße, im Theater, im Vorübergehen ihren Traum an diesen wechselvollen Sternen entzündet! Nun war die Herzogin wohl dabei, sich eines Vaudevilles zu entsinnen oder eine Toilette zu entwerfen, jedenfalls zog sie mit dem Ausdruck von Nachdenken und Resignation unaufhörlich an ihren edlen Fingergliedern und ließ ihre verzweifelten, tiefen Blicke im Kreise schweifen, bis sie alle feiner empfindenden Tischgenossen in ihrem Gießbach von Melancholie ertränkt hatte. Ihre erlesene Unterhaltung schmückte sich nachlässig mit dem verblichenen und doch so charmant skeptischen Spott früherer Zeit. Man befand sich gerade in einer Diskussion, und die Dame, die so sicher im Leben stand und die nur eine Art kannte, sich zu kleiden, wiederholte ringsum: »Ach, warum, sollte man nicht alles sagen, alles denken können? Ich kann recht haben und Sie ebenso. Es ist doch schrecklich und pedantisch, eine Ansicht zu haben.« Ihr Geist war nicht wie ihr Körper nach der letzten Mode gekleidet, und sie ironisierte sanft die Symbolisten und die Kirchengläubigen. Es war mit ihrem Geist wie mit bezaubernden Frauen, die schön und lebhaft genug sind, um auch in alten Kleidern zu gefallen. Übrigens war das ebenso gut beabsichtigte Koketterie. Gewisse radikale Ideen hätten ihren Geist ruiniert so wie gewisse Farben ihren Teint, dem sie verboten waren.

Seinem hübschen Nachbarn hatte Honoré von diesen verschiedenen Gestalten einen schnellen und in so hohem Maße wohlwollenden Umriss gegeben, dass alle trotz ihrer starken Verschiedenheit einander glichen, die brillante Madame de Torreno der geistvollen Herzogin von D. und der schönen

Madame Lenoir. Nur einen gemeinsamen Zug hatte er ausgelassen, oder vielmehr denselben kollektiven Wahn, dieselbe grassierende Epidemie, deren Opfer sie alle waren, des Snobismus. Je nach der Verschiedenheit ihrer Naturen zeigte er sich unter allerhand Masken, und es gab einen weiten Abstand zwischen dem phantasiereichen Dichtersnobismus von Madame Lenoir und dem Eroberungssnobismus von Madame de Torreno, der gierig war wie ein ehrgeiziger Beamter, der nach oben kommen will. Und doch war auch diese furchtbare Frau noch menschlicher Regungen fähig. Ihr Nachbar hatte ihr gesagt, er habe im Park Monceau ihr kleines Töchterchen bewundert. Sofort brach sie ihr indigniertes Schweigen. Sie empfand für diesen unbekannten Büromenschen eine dankbare Sympathie, ein reines Gefühl, vielleicht ein stärkeres, als sie es einem Prinzen hätte entgegenbringen können, und nun plauderten sie wie alte Freunde.

Mit sichtlicher Genugtuung präsidierte Madame Fremer der Unterhaltung, denn sie hatte das Empfinden, eine hohe Mission zu erfüllen. Sie war es gewohnt, große Schriftsteller Herzoginnen vorzustellen, und so erschien sie sich selbst wie ein allmächtiger Minister des Äußeren, der selbst bei protokollarischen Akten seine königliche Haltung nicht verleugnet. So sieht ein Zuschauer im Theater, während er sein Abendessen verdaut, unter sich (da er ja über sie urteilt) Künstler, Publikum, Autor, Regeln der dramatischen Kunst, Genie.

Die Konversation nahm übrigens ihren sehr harmonischen Gang. Jetzt war man zu dem Punkt gekommen, wohin man bei allen Diners kommt, wenn der Nachbar das Knie der Nachbarin berührt oder sie nach ihrem Lieblingsautor fragt, je nach Temperament oder Erziehung der Tischnachbarin. Plötzlich schien ein Zwischenfall unvermeidlich. In seinem jugendlichen Leichtsinn hatte der schöne Nachbar von Honoré versucht, alle davon zu überzeugen, dass in den Werken von Hérédia vielleicht doch mehr Geist enthalten sei, als man gemeinhin voraussetzte – und die Tischgenossen, in ihrer gewohnten Denkweise gestört, wirkten verstimmt. Aber Madame Fremer hatte sogleich ausgerufen: »Im Gegenteil, es sind nur bewundernswerte Kameen, es sind prunkvolle Emaillen, makellose Schmuckstücke«, und schon zeigte sich Genugtuung in allen Mienen. Eine Unterhaltung über die Anarchisten war da schon schwieriger. Doch Madame Fremer, als beuge sie sich resigniert der Fatalität eines Naturgesetzes, sagte langsam: »Was soll das alles? Es wird immer Reiche und Arme geben.« Und niemand von den Anwesenden, unter denen der Ärmste mindestens hunderttausend Livres Rente hatte, war von der Richtigkeit dieser Wahrheit aufgeschreckt oder von seinen Gewissensskrupeln bedrückt, und so leerten alle mit herzlichem Zuspruch ein letztes Glas Champagner.

II
Nach dem Diner

Honoré merkte, dass die vielen Weine seinen Kopf ein wenig verwirrt hatten, und verließ die Gesellschaft, ohne sich zu verabschieden, nahm unten seinen Paletot und ging dann zu Fuß die Champs-Élysées hinunter. Er empfand ein außerordentliches Lustgefühl. Die Barrieren der Unmöglichkeit, die unsere Begierden und Träume vom Felde der Wirklichkeit scheiden, waren gefallen, sein Denken schwebte fröhlich quer durch das Unerfüllbare und steigerte sich an der Lust der eigenen Bewegung.

Es zogen ihn die geheimnisvollen Alleen an, die es zwischen allen menschlichen Wesen gibt und an deren Ende vielleicht jeden Abend eine ungeahnte Sonne der Freude oder der Trauer untergeht. Jede Person, an die er dachte, wurde alsbald unwiderstehlich anziehend, er nahm der Reihe nach alle Straßen, wo er die ein oder andere anzutreffen hoffen konnte; hätte seine Voraussicht sich erfüllt, dann hätte er sich auch dem Unbekannten, dem Gleichgültigen furchtlos, mit einem leichten Zittern der Vorfreude, genähert. Nach dem Einsturz der Fassade, der er zu nahe gewesen war, öffnete sich sein Dasein nun allem Zauber des geheimnisvollen Neuen, vor ihm taten sich Landschaften wie gastliche Freunde auf. Sein einziger Kummer war, dass alles nur die Spiegelung oder die Realität eines einzigen Abends war, und so wollte er von jetzt an nichts anderes tun, als immer gut speisen und trinken, um ebenso schöne Dinge immer vor sich zu sehen. Es schmerzte ihn nur, nicht sogleich die herrlichen Orte erreichen zu können, die dort in unendlicher Ferne lagen. Dann erschreckte ihn der grobe, übertriebene Klang seiner Stimme, die seit einer Viertelstunde wiederholte: »Das Leben ist traurig, wie idiotisch« (das letzte Wort ward unterstrichen von einer abrupten Geste des rechten Arms, und Honoré nahm nun die abgehackte Bewegung seines Stocks wahr). Er musste sich betrübt eingestehen, dass diese mechanischen Worte eine recht unzureichende Übersetzung ähnlicher innerer Gesichte waren, die er für nicht ganz klar ausdrückbar hielt.

»Ach, zweifellos hat sich die neue Kraft meines Leids oder meiner Freude verhundertfacht, aber meine Ideen sind die gleichen geblieben. Mein Glück ist nervös, persönlich, nicht auf andere zu übertragen, und würde ich jetzt schreiben, hätte mein Stil dieselben Qualitäten und Schwächen und auch dasselbe Mittelmaß wie sonst.« Aber er fühlte sich körperlich so wohl, dass er nicht weiter daran dachte, und dieses Wohlbefinden verschaffte ihm unmittelbar den höchsten Trost: das Vergessen. Er war auf den Boulevards angekommen. Es gingen Leute vorbei, er schenkte ihnen seine Sympathie und war sich der Gegenseitigkeit sicher. Er fühlte sich als ihr glorreicher Mittelpunkt; so öffnete er seinen Paletot, damit man das strahlende Weiß seiner Hemdbrust sah, den fabelhaften Sitz seines Abendanzugs, die dunkelrote Nelke in seinem Knopfloch. So bot er sich der Bewunderung der Passanten dar, der Zärtlichkeit, die er wollüstig mit ihnen teilte.

Mondscheinsonate

I

Es war nicht so sehr der anstrengende Weg als vielmehr die Erinnerung an meinen Vater und seine Forderungen, es war die Gleichgültigkeit Pias, der blinde Hass meiner Feinde, was mich so sehr erschöpft hatte. Am Tage konnte mich die Gesellschaft Assuntas zerstreuen, ihr Gesang, ihre Sanftheit mir gegenüber, den sie so wenig kannte, ihre Schönheit, weiß, braun und rosenfarben, ihr Parfum, das alle Böen des Seewinds siegreich überdauerte, die Feder an ihrem Hut und die Perlen an ihrem Hals. Als ich mich aber gegen neun Uhr abends gänzlich niedergedrückt fühlte, bat ich sie, mit dem Wagen zurückzukehren und mich dort zu lassen, damit ich mich in der freien Luft etwas erholen konnte. Wir waren fast nach Honfleur gekommen; der Platz war gut gewählt, geschützt von einer Mauer, vor mir hatte ich eine Allee gewaltiger Bäume, die den Wind abhielt, die Luft war mild; sie stimmte zu und verließ mich. Ich legte mich auf den Rasen, das Gesicht gegen den düsteren Himmel gewendet. Es wiegte mich das Raunen des Meeres, das ich hinter mir vernahm, ohne es in der Finsternis richtig ausmachen zu können, und rasch schlief ich ein.

Bald träumte ich, dass vor mir der Sonnenuntergang weithin das Meer und den Strand erleuchtete. Die Dämmerung fiel ein, und es schien mir, als wäre es eine Dämmerung wie alle anderen und ein Sonnenuntergang wie alle anderen. Aber jemand kam und brachte mir einen Brief, ich wollte ihn lesen und konnte nichts unterscheiden. Jetzt erst bemerkte ich, dass es trotz dieses Eindrucks von besonders intensivem und weithin ausgestreutem Licht doch sehr dunkel blieb. Dieser Sonnenuntergang war außerordentlich bleich, strahlend wohl, aber nicht hell, und auf diesem magisch erleuchteten Sand sammelten sich so viel Massen von Dunkelheit an, dass es mich einige Anstrengung kostete, wollte ich noch eine Muschel entdecken. In dieser seltsamen Traumdämmerung war der Sonnenuntergang von kranker und farbloser Art, wie an einem arktischen Gestade. Meine Sorgen waren alle zerstreut, die Vorhaltungen meines Vaters, Pias Gefühle, das Übelwollen meiner Feinde verfolgten mich wohl noch, aber sie erdrückten mich nicht mehr wie etwas Unausweichliches – und sie waren mir gleichgültig geworden. Der Gegensatz zu diesem düsteren Schimmerglanz, das Wunder dieser zauberhaften Ruhe mitten in meinem Unglück machten mich nicht misstrauisch, nicht furchtsam, sondern ich war eingehüllt, gebadet, ertränkt in einer sich steigernden Empfindung von Süße, die in ihrer Köstlichkeit so stark wurde, dass sie mich weckte. Ich öffnete die Augen. Sehr bleich und sehr strahlend, so breitete sich mein Traum rings um mich aus. Die Mauer, gegen die ich schlafend mich gelehnt hatte, stand im vollsten Licht, der Schatten des Efeus zeichnete sich ebenso kräftig ab wie um vier Uhr nachmittags. Das Blätterwerk einer Silberpappel wurde von einem kaum wahrnehmbaren Hauch umspielt und glitzerte hell. Man sah Wellen und weiße Segel auf dem Meer, der Himmel war klar, der Mond aufgestiegen. Hin und wieder zogen leichte Wolken an ihm vorüber, die sich dann bläulich färbten, so blassblau wie der durchsichtige Körper der Quallen oder das Herz eines Opals. Überall flimmerte klares Licht, doch konnte ich es nirgends fassen. Selbst auf dem Rasen, der fast wie ein Spiegel glänzte, blieb ein Rest Dunkelheit. Die Bäume, ein Graben waren absolut schwarz. Plötzlich erhob sich wie eine Unruhe ein zartes, langgezogenes Geräusch, rasch schwoll es an, es schien sich über das

Gehölz dahinzuwälzen. Es war das Zittern der Blätter, die der Windstoß streifte. Und ein Stoß nach dem anderen brach sich wie eine Woge an dem weiten Schweigen der endlosen Nacht. Dann ließ der Lärm nach und verstummte ganz. Über die schmale Wiese, die vor mir zwischen den beiden breiten Eichenalleen lag, schien sich ein Strom von Helligkeit zu ergießen, an beiden Seiten von Ufermauern zusammengehalten. Das Mondlicht erweckte das Wächterhaus, das Blätterwerk, ein Segel, aus der Nacht, in der sie ausgelöscht gewesen waren, brachte sie aber nicht zum Leben. In dem schlummernden Schweigen erhellte es nur das Geisterbild ihrer Formen, ohne dass man die Umrisse erkennen konnte, die sie während des Tages so wirklich machten und die mich mit ihrer selbstgewissen Gegenwart, ihrer immerwährenden banalen Nachbarschaft niederdrückten. Das Haus ohne Tor, das Blätterwerk ohne Stamm, fast ohne Blätter, das Segel ohne Schiff, all dies erschien nun nicht mehr wie eine grausame, nicht zu leugnende und monotone, gewohnheitsmäßige Wirklichkeit, sondern als fremdartiger Traum, ohne inneren Zusammenhang und strahlend mit seinen schlummernden Bäumen, die ihr Haupt in die Dunkelheit versenkten. In der Tat, nie hatte der Wald so tief geschlafen, es fühlte sich an, als habe der Mond diesen Augenblick benutzt, um im Himmel und im Meer ganz still dieses große, sanfte, bleiche Fest zu feiern. Meine Traurigkeit war verschwunden. Ich hörte meinen Vater, wie er mich schalt, Pia, wie sie sich über mich lustig machte, meine Feinde, wie sie Verschwörungen schmiedeten, und nichts von alledem erschien mir wirklich. Die einzige Wirklichkeit lag in diesem unwirklichen Licht, und diese rief ich lächelnd an. Ich verstand nicht, welche geheimnisvolle Ähnlichkeit meinen Kummer, meine Sorgen mit den tiefen Geheimnissen dort vereinigte, die in den Wäldern, im Himmel und über dem Meer gefeiert wurden, aber spürte, dass ihre Deutung, ihr Trost und ihre Vergebung vollzogen war und es keine Bedeutung hatte, ob mein Verstand das Geheimnis wusste oder nicht, wenn nur mein Herz es erriet. Mit ihrem Namen rief ich meine heilige Mutter der Nacht, meine Schwermut hatte im Mond ihre unsterbliche Schwester wiedererkannt, der Mond strahlte über den verwandelten Schmerzen der Nacht und über meinem Herzen, an dessen Horizont sich das Gewölk zerstreut hatte und die Melancholie aufgegangen war.

II

Nun hörte ich Schritte. Assunta kam zu mir, ihr weißes Gesicht über einem weiten, dunklen Mantel. Sie sprach leise zu mir: »Ich hatte Angst, dass Sie frieren. Mein Bruder ist zu Bett gegangen, ich bin zurückgekommen.« Ich näherte mich ihr. Ich zitterte, sie nahm mich unter ihren Mantel, und um den Saum des Mantels besser halten zu können, legte sie ihre Hand um meinen Nacken. Wir machten einige Schritte unter den Bäumen, in tiefer Dunkelheit. Irgend etwas funkelte vor uns, ich hatte keine Zeit auszuweichen und machte einen Satz zur Seite, aus Angst, dass wir gegen einen Stamm stoßen könnten, aber das Hindernis verlor sich vor unseren Füßen, wir waren ins Mondlicht getreten. Ich zog ihren Kopf zu mir hin. Sie lächelte, ich begann zu weinen, da sah ich, dass auch sie weinte. So verstanden wir nun, dass der Mond weinte und dass seine Traurigkeit im Verein war mit der unseren. Die ergreifenden und sanften Rufe seines Lichts gingen uns zu Herzen. Wie wir weinte auch er, und wie wir's fast immer tun, weinte er, ohne zu wissen warum, aber er fühlte es so tief, dass er in seine stille, seine unwiderstehliche Verzweiflung die Wälder miteinschloss, die Felder, den Himmel, der von Neuem sich im Meer spiegelte, und mein Herz, das endlich klar sah in seinem Herzen.

Das Ende der Eifersucht

I

> »Gib uns die Güter des Lebens, ob wir sie nun verlangen oder nicht, halte von uns die bösen Dinge fern, auch wenn wir sie von dir verlangen.« - »Diese Bitte scheint mir schön und sicher zugleich. Hast du etwas daran auszusetzen, verhehle es mir nicht.«
>
> *Platon*

»Mein kleines Bäumchen, mein Eselchen, mein Mütterchen, mein Brüderlein, mein Heimatland, mein kleiner Gott, mein kleiner Fremdling, mein kleiner Lotos, meine kleine Muschel, mein Schatz, meine kleine Pflanze, geh nun, lass mich nur ankleiden, und ich werde dich um acht Uhr an der Rue de la Baume treffen. Ich bitte dich, komme nicht später als ein Viertel nach acht, denn ich habe großen Hunger.«

Sie wollte Honoré die Tür ihres Zimmers vor der Nase schließen, aber er sagte ihr noch: »Hälschen!« Und sie bot ihm ihren Hals sogleich so willig und mit so übertriebenem Eifer dar, dass er in helles Lachen ausbrach.

»Selbst wenn du es nicht wolltest«, sagte er, »so gibt es doch zwischen deinem Hals und meinem Mund, zwischen deinen Öhrchen und meinem Schnurrbart, zwischen deinen Händen und den meinen einen besonderen Freundschaftsbund. Ich bin überzeugt, dass er nicht zu Ende wäre, wenn wir uns nicht mehr liebten, ebenso wenig wie ich, seit ich mit meiner Cousine Paule gebrochen habe, meinen Kammerdiener hindern kann, Abend für Abend zu ihr zu gehen und mit ihrer Kammerfrau zu sprechen. Es kommt ganz von selbst und ohne mein ausdrückliches Einverständnis, dass mein Mund zu deinem Hals hinstrebt.«

Sie standen sich jetzt nur einen Schritt gegenüber. Plötzlich begegneten sich ihre Blicke, und ein jeder versuchte, im Auge des anderen den Gedanken der Liebe zu finden und festzuhalten. Sie blieb eine Sekunde stehen, aufrecht, dann fiel sie in einen Lehnstuhl und atmete schwer, als sei sie gerannt, und dann sagten sie einander fast gleichzeitig in einer ernsthaften Ekstase, während sie jedes Wort mit den Lippen fest formten, als wollten sie es noch einmal umfangen: »Mein Liebling!«

Sie wiederholte in verdrießlich traurigem Ton:

»Ja, mein Liebling«, und schüttelte den Kopf.

Sie wusste, dass er dieser kleinen Bewegung ihres Kopfes nicht widerstehen konnte, und schon warf er sich über sie, umarmte sie und sagte ihr langsam: »Du Böse!« so zärtlich, dass ihr Tränen in die Augen traten.

Es schlug halb acht. Er ging.

Als Honoré heimkam, wiederholte er für sich: »Mein Mütterchen, mein Brüderchen, mein Heimatland«, da hielt er inne, »ja, mein Heimatland, mein kleines Muschelchen, mein kleines Bäumchen«, und er musste lachen bei diesen Worten, die sie so schnell in ihren Sprachgebrauch übernommen hatten, kleine Worte, die sinnlos und leer erscheinen konnten, doch für sie waren sie von unendlicher Bedeutung. Sie hatten sich beide ohne Plan und Absicht dem erfinderischen, fruchtbaren Genius ihrer Liebe anvertraut, und nach und nach sahen sie sich von ihm mit einer eigenen Sprache beschenkt, nicht anders als ein Volk seine Waffen, seine Spiele und seine Gesetze empfängt.

Während er sich zum Diner ankleidete, wanderten seine Gedanken mühelos zum Augenblick ihres Wiedersehens, so wie ein Trapezkünstler bereits das weit entfernte Trapez berührt, dem er entgegenfliegt, oder wie eine musikalische Folge den Akkord zu erwarten scheint, der sie auflöst und der mit ihr zusammenschwingt ungeachtet aller Distanz, die sie scheidet, kraft der Sehnsucht, die Versprechen und Ruf in einem ist. Ebenso jagte Honoré seit einem Jahr durch sein Leben, immer in Eile vom Morgen bis zur Nachmittagsstunde, in der er sie wiedersah. Sein Tag bestand in Wirklichkeit nicht aus zwölf oder vierzehn verschiedenen Stunden, sondern aus vier oder fünf Halbstunden, aus der Erwartung davor – und aus der Erinnerung danach.

Honoré war erst wenige Minuten bei der Fürstin d'Alériouvre, als Madame Seaune eintrat. Sie begrüßte die Herrin des Hauses und verschiedene Gäste, sagte Honoré nicht eigentlich »guten Abend«, sondern nahm nur seine Hand, als sei sie mit ihm mitten in einem Gespräch. Hätte man von ihrer Verbindung etwas gewusst, dann hätte man glauben können, sie seien gemeinsam gekommen und die Dame habe einige Minuten draußen gewartet, um nicht gleichzeitig mit ihm einzutreten. Aber sie hätten nie zwei Tage ausgehalten, ohne einander zu sehen (was ihnen im letzten Jahr auch nicht einmal widerfahren war), noch hätten sie diese freudige Überraschung des Wiedersehens empfinden können, wie sie auf dem Grunde jedes freundschaftlichen Grußes liegt, denn sie konnten nicht fünf Minuten leben, ohne aneinander zu denken, sie konnten einander niemals überraschend begegnen, denn sie verließen einander nie.

Wann immer sie im Verlauf des Diners miteinander sprachen, ging ihr Verhalten durch seine Lebhaftigkeit und seine Süße über den Rahmen eines bloßen Gesprächs einer Freundin mit einem Freund hinaus, gleichzeitig aber war es von einer vornehmen und doch natürlichen Achtung, wie sie unter Liebenden nie vorkommt. Sie schienen vergleichbar den Göttern, die nach der Sage verkleidet unter den Menschen lebten, oder wie zwei Engel, deren geschwisterliche Vertrautheit wohl die Freude ins Unermessliche steigert, aber keineswegs der Achtung Abbruch tut, zu der ihr edler Ursprung und der Adel ihres geheimnisvollen Bluts sie verpflichten. Während er den machtvollen Duft der Iris und der Rosen einatmete, die in ihrer matten Herrlichkeit auf dem Tisch prangten, ward die Luft mehr und mehr von dem Duft einer Zärtlichkeit gesättigt, den Honoré und Françoise ganz natürlich zu verströmen schienen. In manchen Augenblicken schien eine köstlichere Gewalt als sonst davon auszugehen, eine Gewalt, die zu mäßigen die Natur ihnen beiden ebenso wenig gestattet hatte wie dem Heliotrop in der Sonne oder unter dem Regen den blühenden Lilien.

So kam es, dass ihre Zärtlichkeit zwar nicht verborgen blieb, aber dadurch nur umso geheimnisvoller wurde. Jeder konnte nahekommen, wie man einem Armband nahekommt, das eine verliebte Frau ungeschützt und undurchdringlich zugleich am Handgelenk trägt und das in unbekannten, wenn auch äußerlich sichtbaren Zeichen den Namen dessen eingeschrieben enthält, der für sie Leben und Tod bedeutet, und das sie unaufhörlich den neugierigen Blicken darbietet, die das Geheimnis doch nicht lösen können.

»Wie lange werde ich sie noch lieben?«, fragte sich Honoré, als er vom Tisch aufstand. Er dachte an so viele Leidenschaften, die er beim Beginn für ewig gehalten hatte und die doch nicht gedauert hatten. Sicher war es, dass auch diese eines Tages zu Ende gehen würde, und dies warf einen Schatten auf seine zärtliche Liebe.

Da erinnerte er sich an den Priester, der an diesem Morgen in der Messe aus dem Evangelium vorgelesen hatte: »Und Jesus streckte die Hand aus und sprach: ›Dieser da ist für mich Bruder und Mutter und alle meiner Familie‹«, und wie er in diesem Augenblick zitternd wie eine Palme Gott seine ganze Seele hingegeben und gebetet hatte: »Mein Gott! Mein Gott! Gib mir die Gnade, sie immer zu lieben, mein Gott, das ist die einzige Gnade, die ich von dir verlange, bewirke du, der du alles kannst, dass ich sie immer liebe!«

Aber jetzt, in einer jener dem Körper unterworfenen Stunden, in denen der volle Magen auf die Seele drückt, in denen nur die Haut regiert, die, noch frisch vom letzten Bad, sich unter feiner Wäsche wohlfühlt, in denen der Gaumen im Zigarrenrauch schwelgt und das Auge, in dem sich die nackten Schultern und das blendende Licht spiegeln – in dieser Stunde also wiederholte er seine Bitte, nur sanfter und inniger als beim ersten Mal, denn er zweifelte wohl an einem Wunder, welches das psychologische Gesetz seiner Unbeständigkeit außer Kraft setzen würde, das doch ebenso unmöglich zu brechen ist wie die physischen Gesetze der Schwere und des Todes.

Sie sah in seine gedankenvollen Augen, erhob sich, kam an ihm vorbei; er hatte sie nicht gesehen, und nun sagte sie zu ihm, als seien sie noch weit voneinander entfernt, in ihrem langgezogenen, weinerlichen Ton, der ihn stets zum Lachen brachte, sagte ihm, als sei es die Antwort auf eine Frage: »Nun, was?«

Er lachte auf und sagte: »Kein Wort mehr, oder ich küsse dich, höre nur, ich umarme dich vor all diesen Leuten.«

Sie musste lachen, dann nahm sie wieder ihr trauriges, niedliches, missvergnügtes Wesen an, um ihn zu erheitern, und sagte:

»Ja ja, es ist wunderbar, du hast gar nicht an mich gedacht!«

Er sah sie lächelnd an und sagte: »Kannst du aber gut lügen!« Und sanfter fügte er hinzu: »Du Böse, Böse!«

Sie verließ ihn, um mit den anderen zu plaudern. Honoré dachte: »Ich will versuchen, mein Herz im Augenblick, da es sich von ihr löst, so behutsam zurückzuziehen, dass sie es gar nicht spürt. Ich werde immer gleich zärtlich bleiben, gleich achtungsvoll. Ich werde die neue Liebe verbergen, die in meinem Herzen die Liebe zu ihr verdrängt hat, wie ich schon jetzt die Vergnügungen verheimliche, die mein Körper (nur er) hier und da außer ihr genießt.« (Dabei sah er die Fürstin d'Alériouvre von der Seite an.) Und was ihr Leben betraf, so wollte er es nach und nach an andere Fäden zu knüpfen versuchen. Er wollte nicht eifersüchtig sein und würde ihr selbst diejenigen bezeichnen, die ihr, heimlicher oder ruhmreicher als er, neue Huldigungen zu Füßen legen sollten. Je mehr er in Françoise eine andere Frau sah, die seinem Herzen schon fernstand, deren geistige Reize er aber noch im reinsten Genuss auskosten konnte, desto mehr schien ihm dieser Weg des Teilens vornehm und leicht zu begehen. Die Worte von duldsamer und sanfter Freundschaft, von schöner Nächstenliebe, geübt gegen den Würdigsten und geübt mit dem Herrlichsten, was man hat – diese Worte schienen sanft seinen gelösten Lippen zuzuströmen. In diesem Augenblick hatte Françoise bemerkt, dass es zehn Uhr war, sie sagte guten Abend und schied. Honoré begleitete sie bis zum Wagen, im Dunkeln küsste er sie leichtsinnigerweise und ging zurück.

Drei Stunden später kehrte Honoré zu Fuß mit M. de Buivres nach Hause zurück, dessen Heimkehr aus Tonking man an diesem Abend gefeiert hatte. Honoré fragte ihn über die Fürstin d'Alériouvre aus, die im selben Alter Witwe geworden und viel schöner war als Françoise. Honoré war nicht in sie verliebt, aber es hätte ihm gefallen, sie zu besitzen, sofern Françoise nichts davon erfuhr und nicht darunter leiden musste.

»Man weiß gar nicht viel von ihr«, sagte M. de Buivres, »oder wenigstens wusste man vor meiner Abreise nichts, denn seit meiner Rückkehr habe ich noch niemanden gesehen.«

»Alles in allem waren heute Abend keine leichten Eroberungen zu machen«, schloss Honoré.

»Nein, eigentlich nicht«, antwortete M. de Buivres, und als Honoré vor seinem Haus angekommen war und die Unterhaltung ihr Ende fand, fügte M. de Buivres noch hinzu:

»Ausgenommen Madame Seaune, der Sie doch sicher auch vorgestellt worden sind, da Sie doch an dem Diner teilgenommen haben. Wenn Sie auf diese Frau Lust haben, so lässt sich das leicht arrangieren; was mich betrifft, mich lässt sie kalt!«

»Aber was Sie da sagen, ist mir neu«, sagte Honoré.

»Sie sind jung«, erwiderte de Buivres, »sehen Sie mal, heute Abend war jemand da, der sich in dieser Sache schon sehr stark engagiert hat, ich glaube, das ist über jeden Zweifel erhaben, und zwar ist es niemand anderes als der kleine François de Gouvres. Er sagt, sie hat Temperament! Aber anscheinend ist sie nicht gut gewachsen. Er wollte nicht alles erzählen. Ich wette tausend zu eins, dass sie es genau in diesem Moment irgendwo wild treibt. Haben Sie bemerkt, dass sie die Gesellschaft immer so früh verlässt?«

»Aber sie wohnt, seitdem sie Witwe ist, in demselben Haus wie ihr Bruder, und sie könnte sich wohl kaum erlauben, dass der Concierge erzählt, sie käme erst spät nachts heim.«

»Aber, mein lieber Junge, von zehn Uhr abends bis ein Uhr morgens hat man Zeit zu so viel Dingen. Und dann, weiß man alles? Aber es ist jetzt ein Uhr und Zeit, dass ich Sie schlafen lasse.«

Er zog selbst die Klingel, sofort öffnete sich die Tür, Buivres gab Honoré die Hand, der ihm mechanisch Adieu sagte. Im selben Augenblick wurde er von dem unwiderstehlichen Wunsch getrieben, noch einmal fortzugehen, aber die Tür hatte sich schon hinter ihm geschlossen, und außer einer Kerze, die ihn ungeduldig brennend erwartete, gab es kein Licht. Er wagte nicht, den Concierge noch einmal zu belästigen und sich die Tür öffnen zu lassen, und so stieg er denn in seine Wohnung hinauf.

II

> Unsere Handlungen sind unsere guten und unsere bösen Engel, die Schicksalsschatten, die an unserer Seite schreiten.
>
> *Beaumont und Fletcher*

Das Leben hatte sich für Honoré sehr verändert seit der Unterhaltung, die M. de Buivres mit ihm geführt hatte – wie viele ähnliche Unterhaltungen hatte Honoré selbst angehört, wohl auch geführt, ohne dass sich das Geringste in ihm rührte –, aber diese verfolgte ihn nun den ganzen Tag, wenn er allein war, und die ganze Nacht ohne Unterlass. Er hatte sofort einige Fragen an Françoise gerichtet, die ihn zu sehr liebte und zu sehr unter seinem Kummer litt, als dass sie sich beleidigt gefühlt hätte. Sie hatte ihm geschworen, sie habe ihn niemals betrogen und würde ihn niemals betrügen.

Solange er bei ihr war, solange er ihre kleinen Hände vor Augen sah, solange er diesen Händen den Vers von Verlaine noch einmal wiederholte: »Ihr schönen, kleinen Hände, einst werdet meine Augen ihr schließen«, wenn er die geliebte Frau sagen hörte: »Mein Heimatland, mein Geliebter«, und wenn ihre Stimme unendlich lange mit der Süße der Glocken seiner Heimat in seinem Herzen nachhallte, da glaubte er ihr; wohl fühlte er sich nicht mehr so glücklich wie einst, aber es schien ihm nicht unmöglich, dass sein genesendes Herz einmal das Glück wiederfände. Aber wenn er fern von Françoise war oder manchmal, wenn er in ihrer Nähe war und ihre Augen feurig aufblitzen sah, stellte er sich vor, jemand anderes habe sie erregt – wer weiß, vielleicht gestern, vielleicht ja auch morgen wieder –, und wenn er bedachte, wie oft er bereits dem körperlichen Bedürfnis nach einer anderen Frau nachgegeben hatte und wie er Françoise immer hatte belügen können, ohne jedoch aufzuhören, sie zu lieben, da erschien ihm die Annahme nicht mehr absurd, dass auch sie ihn belog, dass auch sie ihn belügen und dennoch lieben konnte, und dass sie sich doch vor ihm mit derselben Glut, die ihn versengte, auf andere Männer gestürzt hatte – und diese alte, erloschene Glut erschien ihm bitterer als die neue, die er ihr jetzt einhauchte, denn er sah sie mit den Augen der Phantasie, die alles ins maßlos Große verzerrt.

Nun versuchte er ihr zu sagen, dass er sie betrogen hatte. Er wollte den Versuch nicht aus Rache wagen, nicht, um sie leiden zu lassen, wie er selbst litt, sondern in der Erwartung, sie würde ihm als Dank auch die Wahrheit sagen, vor allem aber wollte er es tun, um nicht mehr mit den Lügen leben zu müssen, die Fehler seiner Sinnlichkeit zu büßen, und schließlich, um einen äußeren Gegenstand für seine Eifersucht zu finden, denn es schien ihm manchmal, dass es seine eigenen Lügen und seine eigene Sinnlichkeit waren, die er Françoise andichtete.

Als sie an einem Abend in der Avenue des Champs-Élysées spazieren gingen, versuchte er, ihr zu sagen, dass er sie betrogen habe. Er erschrak, als sie erbleichte und kraftlos auf eine Bank niedersank, doch es berührte ihn noch tiefer, dass sie ohne Zorn, mit Zärtlichkeit vielmehr, in einem klaren und verzweifelten Gefühl völliger Vernichtung seine Hand zurückstieß, mit der er sie berühren wollte. Während zweier Tage glaubte er sie verloren oder vielmehr sie wiedergefunden zu haben. Und doch konnte diese unfreiwillige, leuchtende und traurige Liebesprobe Honoré nicht genügen. Auch wenn er die nicht mögliche Gewissheit erlangt hätte, dass diese Frau sich niemals von jemand anderem hatte besitzen lassen, so hätte doch dieses unbekannte Leid, das sein Herz am Abend durch die Worte des M. de Buivres kennengelernt hatte – nicht ein ähnliches Leid, sondern die Erinnerung an eben dieses Leid –, ihm auch weiterhin denselben Schmerz bereitet, selbst angesichts aller Beweise, dass es keinen Grund dafür gab. So zittern wir noch beim Erwachen in der Erinnerung an den Mörder, den wir doch klar als Illusion eines Traums erkannt haben, und so leiden die Amputierten Schmerzen ihr ganzes Leben lang an dem Bein, das sie verloren haben.

Vergeblich machte er am Tag lange Spaziergänge, suchte sich zu Pferde, auf dem Zweirad, beim Fechten Ermüdung zu verschaffen; vergeblich hatte er Françoise wiedergesehen, hatte sie nach Hause begleitet, hatte er am Abend von ihren Händen, von ihrer Stirn, von ihren Augen das Vertrauen, den Frieden und eine honigsüße Milde empfangen und war tief besänftigt und reich an duftendem Vorrat. Aber kaum war er nach Hause zurückgekehrt, begann erneut die Unruhe an ihm zu nagen, und er ging rasch zu Bett, um einzuschlafen, bevor sein Glück getrübt wurde, denn dieses Glück hatte er mit aller Vorsicht, mit dem ganzen Weihrauch seiner frischen, erst eine Stunde alten Zärtlichkeit eingehüllt, nun sollte es die Nacht durchdauern bis zum nächsten Morgen, unberührt und ruhmreich wie ein ägyptischer Prinz; aber er fühlte, dass die Worte von Buivres oder eines dieser unzähligen Bilder, die er seitdem in seiner Phantasie geformt hatte, nun klar vor dem Angesicht seines Geistes erscheinen mussten, und dann wäre es mit dem Schlaf vorbei. Noch war dieses Bild nicht wiedererschienen, aber er fühlte es ganz nah, er bäumte sich dagegen auf, er zündete eine Kerze an, las, mühte sich mit dem Sinn von gelesenen Sätzen ab, wollte mit ihnen sein Hirn füllen, wollte es ja nicht leer lassen, damit dieses schreckliche Bild nicht einen Augenblick Zeit oder die kleinste Spalte fände, um hindurchzuschlüpfen.

Aber plötzlich war es doch eingetreten, und jetzt konnte er es nicht mehr hinausbefördern; er hatte die Pforte seiner Aufmerksamkeit mit aller Kraft und bis zur völligen Erschöpfung verschlossen gehalten, aber sie war doch unvermutet geöffnet worden und nun aufs Neue geschlossen, und er musste die ganze Nacht mit diesem schrecklichen Gast verbringen. Es war sicher, es blieb dabei, er würde in dieser Nacht ebenso wenig schlafen können wie in den anderen, also griff er zu dem Fläschchen Bromidia, nahm drei Löffel davon und begann, weil er überzeugt war, dass er schlafen würde, ja sogar beunruhigt von dem Gedanken, dass er, komme was wolle, nichts anderes tun könnte als zu schlafen, wieder an Françoise zu denken, mit Schaudern, mit Verzweiflung und mit Hass. Er wollte, da man von ihrer Verbindung offensichtlich nichts wusste, mit Männern Wetten auf Françoisens Tugend eingehen, sie auf Françoise hetzen, sehen, ob sie nachgab, versuchen, etwas zu enthüllen, alles zu erfahren, er wollte sich in einem Zimmer verstecken (als er jung war, hatte er dies getan, um sich zu amüsieren) und alles mit ansehen. Dann würde er sich nicht rühren, erstens um der anderen willen, da er diese wie im Scherz darum gebeten hatte (denn, schlug er Lärm, was für ein Skandal, welche Wutausbrüche musste er erwarten!), aber besonders um ihretwillen, um zu sehen, ob sie am nächsten Tag auf seine Frage: »Hast du mich nie betrogen?«, mit demselben liebenden Blick antworten konnte: »Niemals.« Vielleicht beichtete sie alles und war nur seinen Ränken zum Opfer gefallen. Dies wäre dann die rettende Operation gewesen, der sie ersonnen hatte wäre von der Krankheit geheilt, die ihn tötete, wie die durch Parasiten verursachte Krankheit den Baum tötet (es genügte ihm, sich in dem vom Kerzenlicht schwach erleuchteten Spiegel zu betrachten, um dies bestätigt zu finden). Doch nein, das Bild würde immer wiederkehren, viel stärker als die Bilder seiner Phantasie, und mit einer solchen Wucht auf seinen armen Schädel einstürmen, dass er nicht einmal versuchen wollte, es zu verstehen.

Dann, plötzlich, dachte er an sie, an ihre Sanftheit, ihre Zärtlichkeit, ihre Reinheit und wollte weinen über die Schmach, die er ihr erst eine Sekunde zuvor hatte zufügen wollen. Schon der Gedanke, seinen Kumpanen so etwas vorzuschlagen!

Bald spürte er ein Zittern im ganzen Körper: das Ohnmachtsgefühl, das dem Schlaf durch Bromidia stets um einige Minuten vorausgeht. Plötzlich, weil er zwischen seinem letzten Gedanken und diesem nichts wahrgenommen hatte, keinen Traum, keine Empfindung, fragte er sich: »Habe ich denn noch gar nicht geschlafen?« Doch da bemerkte er, dass es heller Tag war, und er begriff, dass er sich mehr als sechs Stunden dem Bromidia-Schlaf ergeben, ihn aber nicht genossen hatte.

Er wartete, bis das Hämmern in seinem Kopf nachließ, dann stand er auf und versuchte vergebens, seinem blassen Gesicht, seinen umränderten Augen durch kaltes Wasser und einen Spaziergang etwas aufzuhelfen, damit ihn Françoise nicht zu hässlich fände. Von zu Hause ging er in die Kirche und betete zu Gott; müde und gebeugt, mit den letzten verzweifelten Kräften seines geknickten Körpers, der sich wiedererheben wollte und verjüngen, mit seinem kranken, alternden Herzen, das sich nach Heilung sehnte, mit seinem ohne Unterlass gequälten Geist, der atemlos nach Frieden dürstete; mit der gleichen Kraft, mit der Kraft einer Liebe, die früher, des Sterbens gewiss, für ihr Leben gebetet hatte und jetzt aus Angst vor diesem Leben um den Tod bettelte – um die Gnade, Françoise nicht mehr zu lieben, sie wenigstens nicht mehr lange zu lieben, sie wenigstens nicht immer lieben zu müssen, damit er sie ohne Leid in den Armen eines anderen sehen könnte, denn nur noch so, in den Armen eines anderen, konnte er sie sich vorstellen. Vielleicht aber, wenn ihm diese Vorstellung erst schmerzlos geworden war, würde er sie nicht mehr so sehen.

Nun erinnerte er sich, wie sehr er einst gefürchtet hatte, seine Liebe werde nicht von Dauer sein; wie tief eingegraben in seiner Erinnerung, damit nichts sie jemals auslöschen möge, waren ihre Wangen, immer seinen Lippen dargeboten, ihre Stirn, ihre kleinen Hände, ihre ernst blickenden Augen, ihre angebeteten Züge. Aber plötzlich sah er dies alles aus seiner Ruhe aufgestört durch die Sehnsucht nach dem *anderen,* er wollte daran nicht denken, aber nur um so hartnäckiger erschienen ihm die hingehaltenen zarten Wangen, ihre Stirn, ihre winzigen kleinen Hände – ach, ihre kleinen Hände, auch sie! –, ihre ernst blickenden Augen und ihre zum Fluch gewordenen Züge.

Von diesem Tag an verließ er Françoise nicht mehr, trotzdem es ihm anfangs schrecklich war, solch einen Weg zu beschreiten, er spionierte ihr Leben aus, begleitete sie bei ihren Besuchen, lief neben ihr her bei ihren Besorgungen und wartete eine ganze Stunde vor den Türen der Warenhäuser. Wäre ihm der Gedanke gekommen, das sei nur ein mechanisches Verhindern ihrer Untreue, dann hätte er, aus Angst, dass sie ihn unter solchen Umständen verabscheuen müsste, darauf verzichtet, aber sie ließ ihn gewähren, mit so viel Freude an seiner steten Gegenwart, dass ihre Freude ihn allmählich wiedergewann, ihm nach und nach mehr Vertrauen zurückgab, als ein Tatsachenbeweis ihm je hätte verschaffen können, wie es manchmal gelingt, einen Menschen mit Wahnvorstellungen zu heilen, indem man ihn dazu bringt, mit der Hand den Lehnstuhl oder den lebenden Menschen anzufassen, der dort steht, wo der Halluzinierende ein Phantom zu sehen glaubt, denn so verjagt man das Phantom aus der realen Welt durch die Realität selbst, die ihm keinen Raum mehr lässt.

Honoré durchleuchtete in seinem Geist alle Stunden in Françoisens Tag und versah sie alle mit den entsprechenden Beschäftigungen, füllte die Lücken und verjagte die Schatten, wo die Quälgeister der Eifersucht und des Zweifels auf der Lauer lagen, die Nacht für Nacht über ihn herfielen. Er begann wieder zu schlafen, seine Leidensstunden wurden kürzer, seltener, und konnte er Françoise zu Hilfe rufen, dann gaben ihm wenige Augenblicke ihrer Gegenwart den Frieden einer ganzen Nacht.

III

> Der Seele sollten wir uns hingeben bis ins letzte, sollten ihr vertrauen; denn Beziehungen, so schön, so magisch anziehend wie Liebesbande, können verdrängt und ersetzt werden nur durch noch schönere, die auf einer höheren Ebene wirken.
>
> *Emerson*

Der Salon von Madame Seaune, geborene Princesse de Galaise-Orlandes, die wir im ersten Teil unserer Erzählung unter dem Namen Françoise erwähnt haben, ist noch heute einer der besuchtesten von Paris. In einer Gesellschaft, in der man mit dem Titel einer Herzogin leicht mit anderen zu verwechseln ist, fiel ihr bürgerlicher Name auf wie ein Schönheitsfleck in einem Gesicht; sie hatte ihren Titel durch die Ehe mit M. Seaune verloren, dafür erwarb sie sich das Prestige, freiwillig auf eine Ehre verzichtet zu haben, welche in der Phantasie hochgeborener Herren die weißen Pfauen, die schwarzen Schwäne, die weißen Veilchen und die Königinnen im Exil weit über ihresgleichen erhebt.

Madame Seaune hatte in diesem und im vorigen Jahr viele Gäste empfangen, aber in den drei vorangegangenen Jahren war ihr Haus geschlossen, es waren die Jahre, die dem Tod von Honoré de Tenvres folgten.

Die Freunde Honorés hatten sich schon sehr gefreut, zu sehen, wie er nach und nach sein heiteres Gesicht wiederbekam und seine Vergnügtheit von einst, sie begegneten ihm immer in der Gesellschaft von Madame Seaune und schrieben seine Erholung und Wiederherstellung dieser Liaison zu, die sie für sehr jungen Datums hielten.

Es waren nicht ganz zwei Monate seit der völligen Wiederherstellung Honorés vergangen, als der Unglücksfall in der Avenue du Bois de Boulogne geschah, bei dem ihm beide Beine von einem scheugewordenen Pferd zermalmt wurden.

Der Unfall ereignete sich am ersten Dienstag im Mai, die Bauchfellentzündung zeigte sich am Sonntag deutlich. Am Montag empfing Honoré die Sakramente und am selben Montag, um sechs Uhr abends, verstarb er. Aber vom Dienstag, dem Unglückstag, bis Sonntagabend wusste nur er allein, dass er verloren war.

Als am Dienstag, etwa gegen sechs Uhr, die ersten Verbände angelegt waren, bat er, man solle ihn allein lassen; er wolle nur die Visitenkarten der Personen sehen, die gekommen waren, um sich nach seinem Befinden zu erkundigen.

An diesem Morgen, es war höchstens acht Stunden her, war er zu Fuß die Avenue du Bois de Boulogne entlanggegangen. Er hatte Zug um Zug die wind- und sonnengetränkte Luft geatmet, die Frauen folgten seiner rasch vorbeieilenden schönen Gestalt mit bewundernden Augen, auf deren Grund für eine Sekunde die launische Fröhlichkeit dem Staunen Platz macht, um bald wieder mühelos den alten Ausdruck anzunehmen. Er kam an galoppierenden, dampfenden Pferden vorbei, er hatte in der Frische seines hungrigen und von der sanften Luft übergossenen Mundes dieselbe tiefe Freude geschmeckt, die an diesem Morgen das Leben schöner machte, Sonne, Schatten, Himmel, Steine, Ostwind und Bäume, Bäume so majestätisch wie aufrecht stehende Menschen, und in ihrer funkelnden Unbeweglichkeit so friedlich wie schlafende Frauen.

In diesem Augenblick hatte er nach der Uhr gesehen, sich umgewendet, und da ... war es geschehen. In einer Sekunde hatte das Pferd, das er nicht bemerkt hatte, ihm beide Beine zerschmettert. Das Zwangsläufige dieser Sekunde konnte er sich durchaus nicht erklären. Er hätte doch in eben derselben Sekunde etwas weiter oder etwas weniger entfernt sein können, oder das Pferd hätte ausweichen können, oder es hätte regnen können und er wäre früher heimgekehrt, oder er hätte nicht auf die Uhr geschaut und sich nicht umgedreht, sondern wäre weitergegangen bis zum Wasserfall. Und doch war das, was genauso gut nicht hätte geschehen, sondern nur von ihm geträumt sein können, etwas überaus Wirkliches, das von nun an zu seinem Leben gehörte, ohne dass sein Wille auch nur den geringsten Anteil hatte. Beide Beine zertrümmert, der Unterleib verletzt. An sich war an dem Unglücksfall nichts so Außerordentliches; er erinnerte sich, dass man sich vor nicht mehr als acht Tagen beim Diner bei Docteur S. über C. unterhalten hatte, der auf ähnliche Weise durch ein scheugewordenes Pferd zu Schaden gekommen war. Man fragte den Arzt, wie es ginge, und er antwortete: »Es steht schlecht um ihn.« Honoré war weiter in ihn gedrungen, hatte sich nach der Wunde erkundigt, und der Arzt hatte sie mit wichtiger, pedantischer und trauriger Miene belehrt: »Es ist gar nicht die Verwundung allein, es ist alles zusammen. Seine Söhne machen ihm Kummer, er ist nicht mehr in den Verhältnissen wie früher, die Angriffe in den Zeitungen haben ihm einen Schlag versetzt. Ich wünschte, ich würde mich irren, aber sein Zustand ist hoffnungslos.« Und das wurde gesagt, während sich der Arzt selbst in ausgezeichneter Verfassung befand, gesünder, klüger und geachteter denn je, während Honoré sich in dem Bewusstsein sonnte, Françoise liebe ihn mehr und mehr, die Gesellschaft nehme ihre Verbindung zur Kenntnis und verneige sich ebenso sehr vor ihrem Glück wie vor der Seelengröße von Françoise, während ferner die Gattin von Docteur S., vom elenden Ende und dem Jammer des C.

durchaus bewegt, sich und ihren Kindern aus hygienischen Gründen untersagte, an traurige Dinge zu denken oder gar an Beerdigungen teilzunehmen; alle wiederholten jetzt zum letzten Mal: »Armer C., es steht schlecht um ihn«, stürzten das letzte Glas Champagner hinunter und stellten während des Genusses fest, wie exzellent es um sie selber stand.

Aber jetzt war es nicht mehr das Gleiche. Honoré fühlte sich bei dem Gedanken an sein Unglück von einer Woge überrollt, wie er es oft auch beim Gedanken an das Unglück anderer empfunden hatte, aber er konnte nicht wieder festen Grund in sich fassen. Er spürte, wie ihm der Boden der guten Gesundheit entglitt, auf dem unsere stolzesten Entschließungen wachsen, unsere anmutigsten Freuden, die wie die Eichen und die Veilchen ihre Wurzeln in feuchter schwarzer Erde haben, und er wankte bei jedem Schritt in seiner Seele. Über C. hatte der Arzt bei jenem Diner, dessen er sich erinnerte, gesagt: »Schon vor der Katastrophe, seit den Zeitungsangriffen, habe ich C. nie gesehen, ohne an ihm ein gelbes Gesicht, eingefallene Augen und ein hinfälliges Aussehen zu konstatieren«. Und dabei hatte sich der Doktor mit seiner außerordentlich geschickten und schönen Hand über die rosige volle Wange und den seidigen, wohlgepflegten Bart gestrichen, und jeder war sich mit Vergnügen des eigenen gesunden Anblicks bewusst geworden, so wie ein Hauswirt gern stehen bleibt, um seinen Mieter anzusehen, wenn er noch jung ist, liebenswürdig, freundlich und reich. Wenn sich Honoré jetzt im Spiegel erblickte, musste er erschrecken vor »seinem gelben Gesicht, seinem hinfälligen Aussehen«. Mehr noch erschreckte ihn der Gedanke, der Arzt werde über ihn das Gleiche sagen wie über C. und mit derselben Gleichgültigkeit. Selbst die mitleidvollen Herzen, die zu ihm gekommen waren, würden sich bald abwenden wie von einem gefährlichen Gegenstand, schließlich mussten sie den Protesten ihrer eigenen guten Gesundheit

Folge leisten, ihrem Wunsch nach Glücklichsein und Leben. Nun landete sein Denken bei Françoise, und jetzt krümmte er die Schultern, neigte sein Haupt, gegen seinen Willen, als laste Gottes Befehl auf ihm, als sei Gottes Hand auf ihn gelegt, und er erkannte mit unendlicher Trauer und Ergebenheit, dass er auf Françoise verzichten musste. Er empfand Demut in seinem niedergebeugten Körper, in seiner kindlichen Schwäche. Mit der Resignation des Kranken, unter diesem ungeheuren Kummer, fühlte er Mitleid mit sich, wie so oft in seinem Leben, wenn er sich aus der Distanz mit einer gewissen Rührung als kleines Kind wahrgenommen hatte, und er hatte das Bedürfnis zu weinen.

Da hörte er ein Klopfen an der Tür. Man brachte die Visitenkarten der Besucher, um die er gebeten hatte. Er wusste wohl, es würden Leute kommen, um sich nach ihm zu erkundigen, er verbarg sich ja den Ernst des Unfalls nicht, aber er hatte doch nie geglaubt, dass es so viele Karten sein würden, und er erschrak über so viele Menschen, die er kaum kannte und die sonst nur zu seiner Beerdigung oder seiner Hochzeit gekommen wären. Es war ein Haufen von Karten, der Concierge trug das große Tablett mit Vorsicht, damit keine herunterfiel: Es war übervoll. Aber dann, als er sie neben sich hatte, erschien ihm der Haufen winzig, lächerlich klein, viel kleiner als der Stuhl oder der Kamin. Dass es so wenig war, erschreckte ihn noch mehr, er fühlte sich so allein, dass er, um sich zu zerstreuen, fieberhaft die Namen zu lesen begann: eine Karte, zwei, drei, dann … er zitterte und las noch einmal: »Comte François de Gouvres.« Er hätte sich indessen doch denken können, dass M. de Gouvres sich nach ihm erkundigen würde, aber es war so lange her, dass er an ihn gedacht hatte, und plötzlich fielen ihm die Worte von Buivres wieder ein: »Heute Abend war jemand da, der sich in dieser Sache schon sehr stark engagiert hat, und zwar François de Gouvres. Er sagt, sie hat Temperament! Aber anscheinend ist sie nicht gut gewachsen. Er wollte nicht alles erzählen«, und er fühlte, wie aus der Tiefe seines Bewusstseins für einen Augenblick das ganze alte Leid an die Oberfläche stieg, und er sagte sich: »Der Tod wird mir jetzt eine Freude sein. Nicht sterben können, hier gefesselt bleiben, jahrelang, und immer, wenn sie nicht bei mir ist, während eines Teils des Tages und die ganze Nacht daran denken müssen, dass sie bei einem anderen weilt! Und wenn sie jetzt zu mir kommt, so kommt sie, das ist sicher, nur meines Leidens wegen, denn wie sollte sie mich noch lieben? Einen Amputierten?« Plötzlich stockte er: »Und wenn ich sterbe, was nach mir?«

Sie war dreißig Jahre alt, mit einem Satz überschlug er die Zeit, einen mehr oder weniger großen Zeitraum, in dem sie ihm nach dem Tod treu bleiben würde. Aber dann kam ein Augenblick … »Er sagt: *Sie hat Temperament* … Ich will leben, ich will leben und ich will funktionieren, ihr überallhin folgen, ich will schön sein, ich will, dass sie mich liebt!«

Jetzt bekam er Angst, als er seinen röchelnden Atem hörte, seine Rippen schmerzten, seine Brust schien einzufallen, er konnte nicht atmen, wie er wollte, er wollte tief Luft holen, aber es gelang ihm nicht. In jeder Sekunde spürte er, wie er atmete und nicht genug Atem bekam. Der Arzt betrat das Krankenzimmer. Honoré hatte nur einen leichten Anfall von nervösem Asthma. Als der Arzt fort war, wurde er noch trauriger. Lieber wäre es ihm gewesen, wenn sein Leiden schwerer gewesen wäre, wenn man ihn bemitleidet hätte. Denn er fühlte wohl: Wenn dies nicht ernst war, das andere war es, und er war verloren. Nun erinnerte er sich an alle körperlichen Leiden seines Lebens und war verzweifelt; nie waren ihm die Menschen, die ihn am meisten liebten, mit Mitleid begegnet, sondern hatten alles auf seine »Nervosität« geschoben. In den furchtbaren Monaten, die seiner Unterredung mit Buivres gefolgt waren, hatte er sich um sieben Uhr morgens angekleidet, nachdem er die ganze Nacht auf und ab gegangen war; sein Bruder, dessen Schlaf durch allzu üppige Diners oft stark gestört war, hatte damals zu ihm gesagt:

»Du achtest zu viel auf dich selbst! Auch ich schlafe manchmal nicht! Und außerdem bildet man sich ein, dass man nicht schläft, aber ein wenig schläft man immer.«

Richtig daran war, dass er zu viel auf sich achtete; auf dem Grunde seines Lebens ahnte er stets den Tod, der ihn nie ganz aus den Augen ließ und der sein Leben, ohne es ganz zu zerstören, untergrub, mal hier, mal dort. Nun verschlimmerte sich sein Asthma, er konnte kaum Atem holen, seine Brust machte die furchtbarsten, schmerzhaftesten Anstrengungen, um Luft zu bekommen. Er fühlte klar den Schleier, der uns das Dasein verhüllt, den Tod, der uns innewohnt, wie er sich davonmachte, und er ahnte, was für eine erschütternde Sache es ist, zu atmen, zu leben.

Dann fühlte er sich in jene Zeit versetzt, da sie sich trösten würde, und also: mit wem? In der Ungewissheit des künftigen Ereignisses und seiner Unausweichlichkeit wurde seine Eifersucht zur Raserei. Wäre er dann noch am Leben, hätte er sie hindern können, doch nun konnte er nicht leben, und also? Sie würde sagen, dass sie ins Kloster geht, und sich dann, wäre er erst tot, eines anderen besinnen. Nein, er wollte sich nicht zweimal betrügen lassen, er wollte wissen! – Mit wem? Gouvres, Alériouvre, Buivres, Breyves? Alle sah er vor sich, er presste die Zähne aufeinander, er fühlte in sich die wütende Revolte, die in diesem Augenblick sein Gesicht hässlich verzerren musste. Er beruhigte sich selbst. Nein, kein Lebemann; es muss ein Mann sein, der sie wahrhaft liebt. Aber weshalb will ich nicht, dass es ein Lebemann ist? Schon die Frage ist Wahnsinn, es ist so natürlich. Denn ich liebe sie um ihretwillen, ich will, sie soll glücklich sein. – Nein, es ist nicht deshalb, es ist, weil ich nicht will, dass man ihre Sinne aufpeitscht, dass man ihr mehr Lust macht, als ich ihr geben konnte, dass man ihr überhaupt Lust bereitet. Ich will, dass ihr Glück geschenkt wird, Liebe, aber kein Vergnügen. Ich bin eifersüchtig auf das Vergnügen des Anderen, auf ihr Vergnügen. Nicht eifersüchtig auf ihre Liebe. Sie muss heiraten, muss eine gute Wahl treffen … und doch, wie traurig war das alles!

Nun kehrte einer seiner Kinderwünsche zurück, aus der Zeit, als er sieben Jahre alt war und sich jeden Abend um acht Uhr zu Bett begab. Gewöhnlich blieb seine Mutter bis Mitternacht in ihrem Zimmer, welches neben dem von Honoré lag, und ging dann zu Bett; wenn sie aber stattdessen gegen elf Uhr fortgehen wollte und die Zeit bis dahin auf ihre Toilette verwandte, dann flehte er sie an, sich schon vor dem Abendessen anzukleiden und fortzugehen, gleichviel wohin, denn er konnte den Gedanken nicht ertragen, dass man, während er einzuschlafen versuchte, sich zu Hause für eine Abendgesellschaft zum Ausgehen herrichtete. Und um ihm den Gefallen zu tun und ihn zu beruhigen, erschien seine Mutter um acht Uhr in ihrem dekolletierten Abendkleid, um ihm gute Nacht zu sagen, und begab sich dann zu einer Freundin, um dort den Beginn des Balls abzuwarten. Nur so konnte er an den traurigen Tagen, wenn seine Mutter auf einen Ball ging, einschlafen, kummervoll zwar, aber besänftigt.

Jetzt kam ihm dieselbe Bitte, die er einst an die Mutter gerichtet hatte, auf die Lippen – um sie an Françoise zu richten. Er wollte sie anflehen, sich sofort zu verheiraten, sie sollte sich fertig machen, damit er schlafen könne auf immer, traurig, aber ruhig, und ohne jede Sorge darüber, was kommen würde, wenn er eingeschlafen war.

An den folgenden Tagen versuchte er dies mit Françoise zu besprechen, die ebenso wenig wie der Arzt glauben wollte, dass er verloren war. Mit sanfter, aber unbeugsamer Energie sagte sie zu dem Vorschlag Honorés Nein.

Sie hatten in so hohem Grad die Gewohnheit völliger Offenheit einander gegenüber, dass keiner eine Wahrheit verschwieg, auch wenn sie schmerzlich für den anderen war, so als ob sie im Innersten ihrer nervösen, sensiblen Seelen, deren Empfindsamkeit geschont werden musste, die Gegenwart eines Gottes gespürt hätten, der ihnen überlegen war und der sich nicht um Rücksichten kümmerte, wie man sie auf Kinder nimmt, ein Gott, der die Wahrheit forderte und schuldete. Diesem Gott in des anderen Brust hatten sich Honoré und Françoise immer gebeugt, vor dieser Pflicht musste jeder Wunsch, einander keinen Schmerz zu bereiten, einander nicht zu verletzen, jede noch so aufrichtige Lüge aus Zärtlichkeit und Mitgefühl zurückstehen.

So kam es, dass Honoré seiner Françoise glaubte, wenn sie sagte: »Ich weiß, du wirst gesund«, und ein wenig glaubte er es auch selbst:

»Sollte ich sterben, dann werde ich nach Eintritt des Todes nicht mehr eifersüchtig sein. Aber bis dahin? Solange mein Körper lebt – ja! Da ich aber eifersüchtig nur auf das Vergnügen bin, da nur mein Körper eifersüchtig ist – so bin ich es nicht auf ihr Herz, auf ihr wahres Glück, das ich ihr wünsche, durch den Besten ihr gespendet. Wenn mein Körper schwindet, wenn die Seele siegt, wenn ich der materiellen Welt nach und nach entgleite, wie an jenem Abend damals, als ich sehr krank war, dann werde ich mich nicht mehr so wahnsinnig nach dem Körper sehnen und vielmehr die Seele lieben und frei sein von Eifersucht. Dann werde ich wirklich lieben. Noch kann ich nicht deutlich sehen, wie das sein wird, jetzt, wo mein Leib noch Leben ist und sich wehrt, aber ich kann es mir schon vorstellen, nach den Stunden, da meine Hand in ihrer Hand lag, als ich eine unermessliche Zärtlichkeit ohne sinnliches Begehren empfand, die Linderung meines Leids und meiner Eifersucht. Wohl werde ich beim Abschied Trauer empfinden. Aber diese Trauer hat mich einst zu mir selbst geführt, bis ein Engel mich zu trösten kam, in mir selbst, diese Trauer hat mir den geheimnisvollen Freund entdeckt, den Freund in den Tagen des Unglücks: meine Seele, diese ruhige Trauer, die mir helfen wird, würdiger vor Gottes Angesicht zu treten, er und nicht die schreckliche Krankheit, die mich nur endlos quält, ohne mein Herz zu erheben, einem rein physischen Übel gleich, das stichelt, schändet und erniedrigt. Mit meinem Körper, mit der Begierde ihres Körpers endet meine Fessel. – Ja, aber bis dahin, was wird aus mir? Schwächer von Tag zu Tag, immer weniger fähig, ihr zu widerstehen, umgeworfen durch meine zwei zerschmetterten Beine, wo ich doch zu ihr eilen will, um zu sehen, ob sie nicht dort ist, wo sie in meinen Träumen ist, aber ich kann mich nicht rühren, muss hier gefesselt bleiben, genarrt von allen, die sie ›sich leisten können‹, vor den Augen des Wehrlosen, den sie nicht mehr fürchten.«

In der Nacht von Sonntag auf Montag träumte er, er ersticke, so fürchterlich lastete ein unermessliches Gewicht auf seiner Brust. Er flehte um Gnade, hatte nicht mehr die Kraft, das Gewicht fortzurücken, hatte das Gefühl, dass es seit langer Zeit auf ihm lastete, was er sich nicht erklären konnte, dass er es nicht eine einzige Sekunde länger ertragen konnte, dass er erstickte. Dann plötzlich wurde die Last wundersamerweise fortgenommen, entfernte sich weiter und weiter von ihm, er war auf immer frei. »Ich bin tot«, dachte er.

Über seinem Haupt sah er aufsteigen, was so lange und erstickend auf ihm gelastet hatte, anfangs dachte er, es sei das Bild Gouvres', später, es sei bloß sein Verdacht, später, es seien seine Begierden, dann die Wartestunden, einst, vom Morgen an, die Sehnsuchtsschreie nach dem Augenblick des Wiedersehens, und dann der Gedanke an Françoise. Mit jeder Minute nahm es eine andere Form an, wie eine Wolke, wurde größer und größer, er konnte sich durchaus nicht erklären, wie dieses Ding, das ihm so unermesslich zu sein schien wie die ganze Welt, auf dem kleinen Körper eines zarten Menschen, auf dem armseligen Herzen eines Mannes ohne Lebenskraft hatte lasten können, ohne es zu erdrücken. Da verstand er, dass er zermalmt worden war und dass es das Leben eines Zermalmten war, das er geführt hatte. Was aber so ungeheuer auf ihm gelastet hatte mit dem Gewicht der ganzen Welt, war seine Liebe!

Dann sagte er sich wieder: »Leben eines Zermalmten«, und er erinnerte sich, dass er sich in dem Augenblick, als er von dem Pferd niedergetrampelt wurde, gesagt hatte: »Ich werde zermalmt«, er erinnerte sich an seinen Spaziergang und dass er sich an jenem Morgen mit Françoise zum Mittagessen verabredet hatte, und auf diesem Umweg kam er zu seiner Liebe zurück. »Es war also meine Liebe, die auf mir gelastet hat? Was sonst, wenn nicht meine Liebe? Vielleicht mein Charakter? Ich? Oder gar das Leben?« Dann dachte er: »Selbst wenn ich sterbe, bin ich nicht befreit von meiner Liebe, nur von meinen fleischlichen Begierden, von meiner Eifersucht.« Und dann sagte er: »Mein Gott, lass diese Stunde kommen, bald kommen, du mein Gott, damit ich die Vollendung der Liebe erkenne!«

Sonntagabend näherte sich die Bauchfellentzündung ihrem Höhepunkt, Montag gegen zehn Uhr morgens brach das Fieber aus, er wollte Françoise, er rief sie, und seine Augen glühten: »Ich will, dass auch deine Augen leuchten, ich will dir Lust geben wie noch nie … ich will … ich werde dir … wehtun!« Plötzlich wurde er blass vor Wut: »Ich sehe genau, warum du nicht willst, ich weiß genau, was du heute Morgen hast mit dir machen lassen, und wo und mit wem, ich weiß, wer mich hat rufen wollen: Er wollte mich hinter die Tür plazieren, damit ich euch sehe und mich nicht auf euch stürzen kann, denn ich habe keine Beine mehr, ich kann euch nicht hindern, denn ihr habt noch mehr Spaß daran, wenn ihr mich da habt, während … er weiß so gut, was dir Freude macht, aber vorher töte ich ihn, vorher dich, und noch weiter vorher mich! Sieh, ich habe mich getötet!« Und kraftlos sank er aufs Kissen zurück.

Allmählich beruhigte er sich und suchte noch immer einen, mit dem sie sich verheiraten sollte, wenn er tot war; aber es waren die gleichen Bilder, die er fortschob, das von François de Gouvres, von Buivres; sie marterten ihn und kamen immer wieder.

Mittags empfing er die Sakramente. Der Arzt sagte, den Nachmittag werde der Kranke nicht überleben. Außerordentlich schnell verlor er alle Kraft, konnte keine Nahrung zu sich nehmen, fast nichts mehr hören. Er konnte noch denken, und, ohne es gegenüber Françoise auszusprechen, weil er ihr, die von Kummer erdrückt war, nicht noch mehr Schmerz bereiten wollte, dachte er daran, wie es für sie sein würde, wenn er nicht mehr da wäre, nichts mehr von ihr wüsste, sie ihn nicht mehr lieben könnte.

Die Namen, die er sich noch am Morgen mechanisch aufgezählt hatte, die Namen derer, die sie vielleicht besitzen würden, begannen erneut in seinem Kopf zu kreisen, während seine Augen einer Fliege folgten, die sich seinem Finger näherte, als wollte sie ihn berühren. Dann flog sie weg, kam wieder, berührte ihn aber nicht mehr. Seine Aufmerksamkeit war schon erloschen, da weckte sie der Name François de Gouvres; er sagte sich: »Vielleicht wird er sie wirklich besitzen.« Und zu gleicher Zeit dachte er: »Vielleicht will die Fliege das Leinentuch berühren? Nein, noch nicht …« Dann riss er sich gewaltsam aus seiner Träumerei. »Wie kann das sein? Keins von beiden scheint mir wichtiger? Wird Gouvres Françoise besitzen? Wird die Fliege das Tuch berühren? Ach, der Besitz von Françoise ist doch ein wenig wichtiger!« Aber er sah zu klar die Distanz, die diese beiden Ereignisse trennte, und das bewies ihm, dass er beide nicht sonderlich ernst nahm. Er sagte sich: »Wie ist mir das alles gleich! Wie ist das traurig!« Dann merkte er, dass er nur aus Gewohnheit gesagt hatte: »Wie ist das traurig!« Er hatte eine Wandlung durchgemacht und war nicht mehr traurig über diese Wandlung. Ein leichtes Lächeln löste seinen Mund. »Jetzt ist sie da, die reine Liebe für Françoise. Ich bin nicht mehr eifersüchtig, denn ich bin dem Tode nah, aber einerlei – es musste sein, damit ich endlich die reine Liebe für Françoise empfinde!«

Nun hob er die Augen und sah Françoise inmitten der Dienerschaft, des Arztes, zweier alter Verwandten, und alle beteten neben ihm. Und nun erkannte er: die reine Liebe, frei von jedem Egoismus, von jeder Sinnlichkeit, so wie er sie für sich ersehnte in ihrer ganzen Süße und Göttlichkeit, sie hatte jetzt die alten Anverwandten umfangen, die Dienstboten, den Arzt, selbst ihn, ebenso wie Françoise; und weil er für sie schon die Liebe empfand, die ihn mit allen Kreaturen vereinte, die eine ähnliche Seele hatten wie die seine, gab es in ihm keine andere Liebe mehr für sie. Er konnte die ausschließliche Liebe für sie nicht mehr fassen mit ihrer ganzen Mühe und Schwere, ja der bloße Gedanke, dass sie ihm mehr war als die anderen, war ausgelöscht in ihm.

Tränenerstickt murmelte sie am Fuß des Bettes die schönsten Worte von einst: »Mein Heimatland, mein Bruder!« Aber er hatte weder die Kraft noch den Willen, sie aufzuklären, sondern lächelte und dachte, sein »Heimatland« sei nicht mehr in ihr, sondern im Himmel und überall auf der Erde. Er wiederholte in seinem Herzen: »Meine Brüder«, und wenn er Françoise tiefer ansah als die anderen, geschah dies nur aus Mitleid allein, aus Mitleid mit ihren Tränen, die in Strömen aus ihren Augen rannen, aber seine Augen würden sich bald schließen, und seine Tränen waren schon versiegt. Er liebte sie jetzt nicht tiefer, nicht mit anderem Herzen als den Arzt, die alten Anverwandten, die Dienstboten, und dies war das Ende seiner Eifersucht.

Nachwort

Les plaisirs et les jours, das erste Buch des damals 25-jährigen Marcel Proust, erschien im Juni 1896. Proust, der früh mit dem Schreiben begonnen und bereits vereinzelt Erzählungen und Prosaminiaturen in Pariser Zeitschriften publiziert hatte, legte hier eine Sammlung seiner »jugendlichen« Texte vor, die erstaunlicherweise gar nichts von Jugend haben. Vielmehr sind sie ganz der Atmosphäre der *décadence* und des *fin de siècle* verhaftet, der Müdigkeit der zu Ende gehenden *Belle Époque,* der bereits Emile Zola mit seinen naturalistischen, sozialkritischen Romanen die Totenglocke geläutet hatte. Proust wusste die literarische Haltung Zolas durchaus zu würdigen: »Jeder gesellschaftliche Stand ist interessant, und es kann für einen Künstler ebenso reizvoll sein, das Benehmen einer Königin zu zeigen wie die Gewohnheiten einer Schneiderin.« Proust allerdings entschied sich für die Königin: Seine Werke handeln ausnahmslos von den höchsten Gesellschaftskreisen – den Adeligen, dem reichen Bürgertum, den Snobs und Dandys, die sich in diesen Sphären tummeln.

Allein die Aufmachung des Buchs, das in einer Auflage von 1500 Exemplaren auf Prousts Kosten bei Calman-Lévy in Paris erschien und mit 13,50 Francs den Preis von Normalbüchern um ein Vielfaches überstieg, lässt keinen Zweifel daran, an welches Publikum sich der junge Autor wendet. Es ist ein luxuriös gestalteter Band mit zeittypischen Illustrationen der zu jener Zeit gefragten Gesellschaftsmalerin Marie Lemaire, mit Notenbeilagen von Reynaldo Hahn sowie einem Vorwort des berühmten Anatole France. Eine mediale Zusammenschau – Prosa, Bild, Musik –, die nicht zufällig an die Idee des Gesamtkunstwerks von Richard Wagner erinnert, der sich zu jener Zeit in Frankreich größter Beliebtheit erfreute.

Das Buch wurde kein Erfolg. Selbst Prousts engster Freundeskreis war befremdet, dass er mit einem so prätentiösen Druckwerk vor die Öffentlichkeit trat. In einem anderen Bereich hingegen erfüllte der flamboyante Erstling durchaus seinen Zweck: Er eignete sich als Eintrittsbillet in die höchsten Pariser Kreise, deren Salons Proust faszinierten. Seine legendäre Freundlichkeit und sein Dandyismus sind ebenso Teil seines Wesens wie auch Instrumente einer mimikryhaften Anpassung und Akkulturation, die es ihm erlauben, in die Welt seiner literarischen Expedition vorzudringen.

Schon in diesen frühen Texten, von denen hier eine Auswahl vorliegt, begegnen wir nicht nur Motiven und Strukturen aus dem großen Romanzyklus *À la recherche du temps perdu*, sondern wir können erkennen, dass der Autor weniger eine nostalgische Sehnsuchtsreise in die Vergangenheit unternimmt als vielmehr eine Recherche in die Seelenverfasstheit seiner Zeitgenossen. Und für Proust scheint es naheliegend, sich der Kohorte von Menschen zuzuwenden, deren Seelenleben sich am reinsten studieren lässt, weil es kaum durch Arbeit und existenzielle Nöte belastet und entfremdet wird: Seine Studienobjekte befinden sich sozusagen in einer von keinerlei Alltagspflichten verunreinigten Nährlösung des Reichtums und lassen sich unter dem Mikroskop von Prousts klinischer Prosa sezieren. Das geistige Prinzip eines solchen Vorgehens ist die Anverwandlung, die Arbeitstechnik die ausdauernde Beobachtung. Beides ist aber nicht möglich ohne ein Programm der weitestgehenden Assimilation an das Objekt der Beschreibung, ohne die Lust, Teil der Welt zu sein, die man beschreiben will.

In den von uns ausgewählten Texten aus den *Plaisirs* – bei denen es übrigens keineswegs, wie in den bisherigen Übersetzungen, um »Freuden« geht, sondern eher um »Vergnügungen« meist erotischer Art – ist der junge Proust auf der Suche nach den stilistischen und erzählerischen Mitteln, die es ihm erlauben, dem Wesenskern der von ihm als unentfremdet oder »frei« empfundenen Gesellschaft erzählerisch möglichst nahe zu kommen.

Die Geschichten reichen von poetischen und moralischen Miniaturen, die ihre atmosphärische Nähe zu Baudelaire und auch zu dessen Poe-Übertragungen nicht verbergen können, bis zu Erzählungen, die satirische Gesellschaftsporträts und Psychodramen zugleich sind. Proust spart nicht mit Kritik am Snobismus und an der nicht zu verhehlenden Dummheit mancher hochgestellten Damen und Herren, aber oft führt er uns in ein ausweglos erscheinendes »Inferno der Leidenschaften«, wie Edmund Wilson es nannte. Mit selbstzerstörerischer Besessenheit klammern sich die Protagonisten an Liebesillusionen, die sich in eine Art emotionale Habsucht verwandeln. Die Neigung zur wahnhaften Selbstbespiegelung steigert den Druck ins Unerträgliche und führt dazu, dass die Betroffenen sich in ihren Gefühlslabyrinthen verirren. Wir befinden uns im genuinen Zeitalter der Hysterie. Und so nimmt es nicht wunder, dass der junge Proust am Ende des 19. Jahrhunderts zu einem ähnlichen Ergebnis kommt wie Sigmund Freud: Denn die verschiedenen Formen der unerfüllten Liebessehnsucht und der Eifersucht, die Proust beschreibt, sind der Spiegel jener seelischen Desorientierung und Leiden, die der Arzt bei seinen Patientinnen und Patienten als Neurosen konstatieren wird.

In der Titelgeschichte setzt Proust dem psychologischen Gesetz der emotionalen Unbeständigkeit Bescheidung und Demut entgegen. Die Entsagung gegenüber den hochfahrenden Liebesansprüchen muss der körperlich beschädigte Honoré mühsam lernen. In der Stunde seines Todes kommt es zu einem inneren Monolog, zu einer Kaskade von Gedanken, in der alle Widersprüche seines Lebens und Begehrens mit der

Einsicht in den Verlust der Ich-Illusionen aufeinanderprallen. Dies ist eine in ihrer harten Modernität große Prosa, der die Wahrheit in jeder Faser eingeschrieben ist.

André Gide, der als Lektor von Gallimard 1913 den ersten Band von Prousts *Recherche* ablehnte – eine Entscheidung, die er später als einen der größten Fehler seines Lebens bezeichnete – kommt in einem Aufsatz von 1923 auch hinsichtlich des literarischen Debüts von Proust zu einer Neubewertung: »Wenn ich heute *Les plaisirs et les jours* wiederlese, sind für mich die Qualitäten dieses feinsinnigen, 1896 erschienenen Werks so offensichtlich, dass ich mich wundere, weshalb sie dem Leser damals nicht sogleich ins Auge gestochen sind.«

Andreas Nohl

Anmerkungen

7 *Nachfolge Christi*: seinerzeit viel gelesenes Erbauungs- und Lehrbuch von Thomas a Kempis (1380–1471), erschienen um 1418.

23 *Reszke*: Jean de Reszke (1850–1925), französischer Opernsänger polnischer Abstammung.

36 *Kypris*: zyprischer Name für Aphrodite, in der griech. Mythologie die Göttin der Liebe.

41 *im Bois*: Bois de Boulogne („Wald von Boulogne") ist ein Wald und Park im Arrondissement XVI im Westen von Paris.

44 *Henri de Regnier*: Henri de Regnier (1864–1936), französischer Romancier und Essayist.

63 *Paul Desjardins*: Paul Desjardins (1859–1940), französischer Philosoph und Schriftsteller.

– *M. de Vogüé*: Marie-Eugène-Melchior de Vogüé (1848–1910), französischer Diplomat und Literat.

– *Maurice Barrès*: Maurice Barrès (1862–1923), französischer Romancier, Journalist und Politiker der nationalen Rechten.

65 *Orleanistin*: Anhängerin des Hauses Orléans bzw. von Louis Philippe (d'Orléans) I., der von 1830 bis 1848 König der Franzosen war.

– *ancien régime*: Zeit des französischen Absolutismus vor der Französischen Revolution.

68 *Vaudeville*: Pariser Theatergenre mit Gesang und Instrumentalbegleitung, das in den 1840er Jahren den Höhepunkt seiner Beliebtheit erreichte, Vorläufer der Opéra comique.

69 *Hérédia*: José-Maria de Heredia (1842–1905), französischer Dichter kubanischer Herkunft.

70 *Livres*: historische französische Silberwährung, ab 1795 durch den Franc ersetzt.

– *Paletot*: leicht taillierter, zweireihiger Herrenmantel mit Samtkragen.

84 *Beaumont und Fletcher*: Francis Beaumont (1584–1616) und John Fletcher (1579–1625), Theaterautoren, die meist als Paar genannt werden.

87 *Bromidia*: probates Beruhigungsmittel, in Frankreich zwischen 1890 und 1930 vertrieben.

90 *Emerson*: Ralph Waldo Emerson (1803–1882), nordamerikanischer Philosoph und Schriftsteller, Gegner der Sklaverei.

Marcel Proust, geboren 1871 in Auteuil, als Sohn eines Arztes, litt bereits seit Kindertagen an einer Asthmaerkrankung. Noch während des Studiums und einer kurzen Tätigkeit an der Bibliothek Mazarine widmete er sich seinen schriftstellerischen Arbeiten. Er schrieb Beiträge für Zeitschriften und übersetzte zwei Bücher von John Ruskin. Er verkehrte in den vornehmen Salons von Paris und fand dort den Stoff für sein erzählerisches Werk. Nach dem Tod seiner über alles geliebten Mutter 1905 stürzte Proust in eine tiefe Krise und machte die Arbeit an seinem Roman *À la recherche du temps perdu* zum einzigen Inhalt seines Lebens. Die Nacht wurde ihm zum Tag, er ging nur noch selten aus und schrieb in seinen sorgfältig von den Geräuschen der Außenwelt abgeschirmten Krankenzimmer an seinem Opus magnum. Die ersten zwei Bände erschienen noch zu Lebzeiten auf Kosten des Autors. Die letzten Bände der *Suche nach der verlorenen Zeit* wurden nach seinem Tod von seinem Bruder herausgegeben. Proust starb 1922 in Paris.

Andreas Nohl, Schriftsteller und Übersetzer, veröffentlichte Erzählungen und die historische Novelle *Hieronymus.* Für seine Übersetzungen (Mark Twain, R. L. Stevenson, Rudyard Kipling, E. A. Poe) wurde er u. a. mit dem Heinrich Maria Ledig-Rowohlt-Preis ausgezeichnet. Zuletzt erschien von ihm *Das Handwerk des Schreibens. Essays und Kritiken zur Literatur.*

Die ausgewählten Texte stammen aus dem Band: *Les Plaisirs et les Jours*, erschienen 1896 bei Calmann-Lévy, Paris

Steidl Nocturnes

Erste Auflage 2021

Lektorat: Claudia Glenewinkel
Umschlaggestaltung: Paloma Tarrío Alves / Steidl Design Buchgestaltung: Gwenda Winkler-Vetter / Steidl Design Gesamtherstellung und Druck: Steidl, Göttingen

Steidl
Düstere Str. 4 / 37073 Göttingen
Tel. +49 551 49 60 60
mail@steidl.de steidl.de

ISBN 978-3-95829-979-5
Printed in Germany by Steidl

☾☾● Steidl Nocturnes

Herausgegeben von Andreas Nohl

Robert Musil
Der Fall Moosbrugger
Aus: Der Mann ohne Eigenschaften
128 Seiten

Prosper Mérimée
Tamango
Novellen
128 Seiten

Richard Middleton
Das Geisterschiff
Erzählungen
112 Seiten

Katherine Mansfield
Die Aloe
112 Seiten

Luigi Pirandello
Die erste Nacht
Sizilianische Novellen
144 Seiten

Marcel Proust
Das Ende der Eifersucht
Frühe Erzählungen
112 Seiten